EN SU PRESENCIA

Dr. Tommy Combs

LIVING
WORD
B⧉KS

En Su Presencia

Copyright © 2019 por el Dr. Tommy Combs
EMAIL: tommy.livingwordbooks@gmail.com
SITIO WEB: www.evangelisttommycombs.org

ISBN: 978-1-7336334-5-1

Publicado por:

LIVING WORD BOOKS

PO Box 1000, Dora, Alabama 35062

Disposición y diseño por: Mercy Hope

DEDICACIÓN:

Al Padre, al Hijo y al Espíritu Santo. En tu presencia hay plenitud de gozo (Salmos 16:11). Eso es todo lo que realmente importa, en esta vida y en la vida por venir.

RECONOCIMIENTO:

Al igual que con todos mis otros libros, el libro que ahora tienes en tus manos comenzó en el escritorio de mi editor, Neil Eskelin. Desafortunadamente, Neil no llegó a ver este libro llegar a su fin, ya que falleció en agosto de 2018. Su ascenso al Cielo significa una nueva temporada para mi ministerio de libros.

No pude terminar este libro sin honrar al hombre cuya habilidad para escribir y publicar sólo estaba eclipsada por su amistad.

Ahora tengo un nuevo equipo de producción de libros y mi propia división editorial de mi ministerio, pero siempre recordaré a Neil Eskelin por ser el amigo y editor que hizo posible que los Ministerios de Palabra Viviente comenzaran a llegar a miles a través de mis libros.

CONTENIDO

INTRODUCCIÓN

No hay toque como el toque de Dios.

A lo largo de los años, he tenido el privilegio de reunirme personalmente y sentarme bajo el ministerio de hombres y mujeres dedicados que predicaban y oraban con una unción especial del cielo. Podía discernir en mi espíritu cuando el poder de Dios estaba presente y cuando no lo estaba.

Esto me hizo preguntarme: ¿Cómo habló el Señor a los profetas y a los grandes hombres y mujeres de Dios en el Antiguo Testamento? ¿Y qué llevó a milagros tan poderosos entre los apóstoles y predicadores del Nuevo Testamento, no sólo a través de Jesús, sino en la vida de personas comunes como tú y yo?

En estas páginas vas a conocer a Abraham, Isaac y Jacob. También conocerás a mujeres como Deborah, Ester y María. Aprenderás cómo Dios los tocó y cómo, a cambio, tocaron a Dios.

También descubrirá cómo la misma unción que cayó sobre los profetas de antaño descendió sobre hombres y mujeres como el conocido evangelista británico Smith Wigglesworth y Kathryn Kuhlman.

SIN EMBARGO, ESTE LIBRO NO ES SOLO SOBRE ELLOS —¡ES ACERCA DE USTED!

Mi sincera oración es que el contenido de este libro abra la puerta para bendecir y te dé acceso al trono de Dios. Ruego que reciban un toque fresco y que cambiará la vida de Su poder... En Su Presencia.

capítulo 1

La Presencia de Dios y Poder en
NOÉ

Al comenzar este viaje, recuerdo uno de los primeros personajes bíblicos a los que me han presentado. Se llamaba Noé. Cuando éramos niños en la Escuela Dominical, escuchamos las historias de los animales que entraban en este enorme barco que Noé construyó.

Lo que yo no sabía en ese momento, es que después de la caída de la humanidad, Noé fue el primer hombre documentado en las Escrituras en tener la experiencia del increíble poder y la presencia de Dios.

Cuando los hombres y las mujeres comenzaron a multiplicarse después del milagro de la creación, el Todopoderoso miró hacia abajo y se entristeció y horrorizó ante la maldad y el mal que corrían por toda la tierra. Tanto es así que *"Jehová lamentaba haber hecho hombre en la tierra y se entristeció en Su corazón. Y dijo Jehová: 'Raeré de sobre la faz de la tierra a los hombres que he creado'"* (Génesis 6:7).

Dios haría esto causando una inundación devastadora. Pero salvaría un remanente eligiendo a un hombre para construir un arca para que al menos una familia y dos de cada criatura viviente sobrevivieran.

Al recorrer la tierra, el Creador encontró a un individuo que era tan justo que la Escritura lo llama *"perfecto en su conducta"* (versículo 9). Se llamaba Noé.

ES EN ESTA HISTORIA
QUE UNA FUERZA DIVINA
ES INTRODUCIDA
POR PRIMERA VEZ.
LA PALABRA ES "LA GRACIA."

La Biblia nos dice *"Pero Noé halló gracia ante los ojos de Jehová."* (Génesis 6:8).

El don de gracia de Dios es lo suficientemente fuerte como para derrotar la iniquidad y el mal. Sabemos que esto es cierto porque *"más donde el pecado abundó, sobreabundó la gracia"* (Romanos 5:20).

Noé también recibió una unción del poder físico. ¿De qué otra manera podría un hombre encontrar la fuerza y la perseverancia necesarias para construir un arca masiva?

Mientras que todos lo ridiculizaban porque no habían visto llover durante años, Noé siguió el mandato de Dios. Estoy seguro de que conoces el resto de la historia.

Lo que conmovió a este hombre justo fue el hecho de que *"Por la fe, Noé, cuando fue advertido por Dios acerca de cosas que aún no se veían, con reverencia"* (Hebreos 11:7).

En otras palabras, el Señor le dio a Noé una visión del futuro, y puso una pasión dentro de él para mantenerse enfocado en la tarea a mano.

UNA UNCIÓN ESPECIAL

Cuando la lluvia terminó, y el arca descansaba en la cima del monte Ararat, Dios introdujo otra fuerza poderosa - El Espíritu Santo.

Cuando las aguas comenzaron a retroceder, Noé envió una paloma, *"Y la paloma volvió a él a la hora de la tarde; y he aquí que traía una hoja de olivo en el pico"* (Génesis 8:11).

Ese mismo Espíritu, aunque gentil, también es poderoso. Cuando Juan bautizó a Jesús en el río Jordán, *"Y Jesús, después que fue bautizado, subió luego del agua; y he aquí que los cielos le fueron abiertos, y vio al Espíritu de Dios que descendía como una paloma, y venía sobre él"* (Mateo 3:16).

Jesús sabía que la paloma era sólo un símbolo visual de algo mucho más asombroso. Declaró, *"pero recibiréis poder, cuando haya venido sobre vosotros el Espíritu Santo"* (Hechos 1:8). Vemos esto en el Día de Pentecostés cuando *"Y de repente vino del cielo un estruendo como de un viento recio que soplaba, y todos fueron llenos del Espíritu Santo,*

y comenzaron a hablar en otras lenguas, según el Es-
píritu les daba que se expresasen" (Hechos 2:2, 4).

Después del gran diluvio, Dios hizo un pacto con Noé de que nunca volvería a destruir la tierra de la misma manera.

ES MI ORACION QUE
LA UNCION QUE
CAYO EN NOÉ
Y CAMBIO PARA SIEMPRE
SU VIDA,
DESCANSARA EN USTED.

Esta unción le dará gracia ... y mucho más. Despertará en ti una pasión por predicar la justicia, te equipará con la fuerza para lograr el propósito de Dios y te llenará del poder del Espíritu Santo.

capítulo 2

La Presencia de Dios y Poder en
ABRAHAM

A menudo usamos el término, *"Padre Abraham" porque Dios prometió que este patriarca de antaño se convertiría en "serás padre de muchedumbre de gentes"* (Génesis 17:4), ¡y lo hizo!

Aquí había un hombre de 75 años a quien el Señor le dijo que dejara su país y viajara a una tierra que no conocía. Dios hizo esta promesa: *"Y hare de ti una nación grande, y te bendeciré, y engrandeceré tu nombre, y serás bendición. Bendeciré a los que te bendigan, y a los que te maldigan maldeciré; y serán benditas en ti todas las familias de la tierra"* (Génesis 12:2-3).

La razón por la que Abraham pudo lograr cosas increíbles para Dios es porque, como escribe el apóstol Pablo, *"Tampoco vaciló, por incredulidad, ante la promesa de Dios, sino que se fortaleció en fe, dando gloria a Dios"* (Romanos 4:20).

NO SÓLO CREÍA, SINO QUE, DEBIDO A SU FE INQUEBRANTABLE, ÉL RECIBIÓ PODER Y FORTALEZA.

Abraham, sin lugar a dudas, conocía la fuente de su bendición. Es por eso que cuando llegó a Canaán, lo primero que hizo en Siquem fue *"edificó allí un altar a Jehová, quien se le había aparecido"* (Génesis 12:7).

El poder de arriba descansaba sobre Abraham. En un momento dado, Dios le dijo que mirara hacia el norte, el sur, el este y el oeste... *"Porque toda la tierra que ves, la daré a ti y a tu descendencia para siempre"* (Génesis 13:15). Era el territorio que Israel reclama por su cuenta hoy.

LA PROMESA

La presencia continua de Dios le dio fe a Abraham y lo sostuvo en los momentos más difíciles. Cada sacrificio valió la pena.

Cuando el Todopoderoso entregó el convenio, también le dio una señal del Cielo para confirmar Su palabra. Era la promesa de un niño, lo que sonaba improbable ya que Abraham y Sarah habían pasado sus años de maternidad. La combinación de su longevidad y su infertilidad hizo que la idea de tener hijos pareciera imposible.

Puedes imaginar la incredulidad de Sarah cuando esta promesa le fue revelada. De hecho, se rió y se preguntó: *"¿Sera cierto que he de dar a luz siendo ya vieja?"* (Génesis 18:13).

Sí, Sarah quedó embarazada y dio a luz a un hijo, Isaac. Dios cumplió Su promesa.

Con respecto a que Sara se convirtiera en madre en su vejez, Dios le hizo una pregunta que ha resonado a través de los siglos: *"¿Hay para Dios alguna cosa difícil?"* (versículo 14).

Puedo decirle por experiencia personal que no hay ningún problema demasiado difícil para que Dios lo resuelva, ningún río que no se pueda cruzar y ninguna montaña que no pueda atravesar. En mi ministerio, he sido testigo del Señor realizando milagros de sanación y liberación y he visto innumerables vidas restauradas. Lo que hizo por Abraham y Sara, todavía lo está haciendo hoy en día para aquellos que se atreven a creer en él.

¡LA BENDICIÓN ES PARA USTED!

Permítanme compartir buenas noticias. Si han aceptado a Jesucristo como su Salvador, se les ha prometido la herencia divina del convenio que perteneció a Abraham. Como Pablo escribió a los creyentes en Galicia: *"pues todos sois hijos de Dios mediante la fe en Cristo Jesús. Porque todos los que habéis sido bautizados en Cristo, os habéis revestido de Cristo. Ya no hay judío ni griego; no hay esclavo ni libre; no hay varón ni mujer; porque todos vosotros sois uno en Cristo Jesús. Y si vosotros sois de cristo, entonces sois descendencia de Abraham, y herederos según la promesa"* (Gálatas 3:26-29).

El impacto de esto es enorme.

COMO LA "SEMILLA" DEL
PADRE ABRAHAM,
USTED ES EL RECIPIENTE
DE LA GRAN BENDICIÓN
Y EL INSTRUMENTO
A TRAVÉS DEL QUE
LA BENDICIÓN Y EL FAVOR
DE DIOS SE PASA
A LOS DEMÁS.

¡Eres un hijo del pacto!

capítulo 3

La Presencia de Dios y Poder en
ISAAC

Se nos presenta por primera vez a Isaac cuando era un bebé, el hijo y heredero de Abraham y Sara, prometido desde hace mucho tiempo. Como el Señor le dijo,

"Ciertamente Sara tu mujer te dará a luz un hijo, y llamarás su nombre Isaac; y confirmaré mi pacto con él como pacto perpetuo para sus descendientes después de él" (Génesis 17:19). Lo que Dios comenzó con Abraham iba a continuar a través de su amado hijo.

Es increíble cómo la unción del Señor descansó en Isaac. La Escritura nos dice que catorce años antes, Abraham había engendrado otro hijo — Ismael— por medio de Hagar, la sierva de su esposa en un acto desafiante de impaciencia y desobediencia. Cuando Isaac tenía unos dos años, había un banquete para celebrar al joven destetado de su madre Sara. Fue en estas festividades cuando un comportamiento extremadamente grosero por parte de Ismael resultó en Hagar y su hijo fueron desalojados de la casa. A partir de ese momento, Isaac no tuvo ningún competidor para el favor y la atención de su padre.

Una de las lecciones más poderosas de la Escritura tuvo lugar cuando Dios mandó a Abraham que llevara a Isaac al monte Moriah y ofreciera a su amado hijo como sacrificio.

Lo que se le pedía era casi impensable, pero Abraham obedeció a Dios. A la mañana siguiente, Abraham ensilló sus burros y trajo algo de madera para la ofrenda quemada mientras se dirigía a la montaña.

Tres días más tarde, Abraham construyó el altar, ató las extremidades de Isaac juntos, y lo puso en la madera. En un acto solitario de fe total, Abraham invocó a todo el valor que pudo encontrar al levantar su cuchillo por encima de Isaac. En un momento decisivo para la fe, antes de que pudiera hundir el cuchillo en su hijo, sucedió algo increíble. Un ángel gritó para que se detuviera, diciendo: *"No extiendas tu mano sobre el muchacho, ni le hagas nada; porque ya conozco que temes a Dios, y por cuanto no me rehusaste tu hijo, tu único"* (Génesis 22:12). En cambio, el ángel le dijo que tomara un carnero del matorral cercano para el sacrificio, y la vida de Isaac se salvó.

Sólo hay una conclusión que podemos sacar de su historia:

¡TOTAL OBEDIENCIA
Y DEVOCION
MUEVE EL CORAZON
Y LA MANO DE DIOS,
ASÍ TRAYENDO LA VIDA
EN SITUACIONES IMPOSIBLES!

SEMBRAR EN UNA HAMBRUNA

La bendición continua del Señor sobre la vida de Isaac es innegable. Cuando era mayor, llegó una hambruna severa que haría que cualquier agricultor se desanimara y tal vez se rindiera. Pero no Isaac. Dios le dijo, *"No desciendas a Egipto; habita en la tierra que yo te diré"* (Génesis 26:2).

La Biblia registra, *"Y sembró Isaac en aquella tierra, y cosechó aquel año ciento por uno; y le bendijo Jehová"* (versículo 12). Se convirtió en el próspero dueño de innumerables rebaños, rebaños y sirvientes. Él se hizo el dueño próspero de innumerables rebaños, manadas, y siervos.

La mano de Dios permaneció sobre Isaac y su esposa, Rebeca. Isaac tenía 60 años cuando Rebeca dio a luz a dos gemelos, Jacob y Esaú.

Qué lección para ti y para mí. Podemos pensar que tenemos todas las respuestas y somos capaces de tomar nuestras propias decisiones. Demasiado a menudo, los hombres y las mujeres intentan trazar propio curso, abandonando a Dios de sus vidas totalmente.

Isaac era totalmente consciente que él estaba bajo el convenio de su padre, y cuando el Jehová habló, él escuchó.

En lo natural, habría sido una tontería plantar cosechas durante una sequía. Pero lo que es tonto al hombre puede hacerse un banquete a Dios. El hombre tonto ignora a Dios mientras que el sabio sigue Su voz incluso cuando no parece tener sentido.

Hay muchas razones por las cuales la presencia del Señor descansaba sobre Isaac. Primero, fue sumiso (no protestó cuando fue puesto en el altar del sacrificio). Segundo, era un hombre de oración. En Beerseba, *"edificó allí un altar, e invocó el nombre de Jehová"* (Génesis 26:25). Tercero, era un hombre de paz. Cuando los pastores discutieron sobre dónde estaba cavando un pozo, no discutió, sino que simplemente se mudó a otro sitio (Génesis 26:20-33). Más importante, era un hombre de fe firme. ¡Al igual que su padre antes que él, él creyó en Dios¬¬, y las bendiciones siguieron! Cuando llegó a Su Presencia.

LA BUENA VOLUNTAD DEL ISAAC
DE ESCUCHAR Y OBEDECER
ERA CENTRAL A
SU VIDA DE LA FE.
PERMITA QUE SU EJEMPLO
INFUNDA SU CORAZÓN
CON UN DESEO MÁS PROFUNDO
DE SEGUIR LA VOZ DE DIOS
A CUALQUIER COSTO.

capítulo 4

La Presencia de Dios y Poder en
JACOB

¡Cuando nacen gemelos, uno siempre llega primero! En el caso de Esaú y Jacob, Esaú entró en el mundo primero, entonces él era el mayor, esto significó que estaba en línea para recibir el derecho de nacimiento de su padre, Isaac.

Bueno, no funcionó de esa manera. Una vez, cuando Jacob cocinaba algún guisado, Esaú vino a la casa de cuidar al rebaño, olió el aroma y exigió, "Deme un poco de esto."

Jacob se aceleró en el gatillo y respondió, *"Véndeme tu derecho de nacimiento y te daré lo que me pide"* lo cual, tontamente, Esaú hizo.

Más tarde, mediante engaños y decepción, Jacob convenció a su padre ciego y enfermo, Isaac, de darle la bendición que un padre tradicionalmente otorga al hijo primogénito.

Cuando Esaú descubrió que había sido engañado, juró matar a su hermano. Al ver que su vida estaba en peligro mortal, Jacob huyó para refugiarse en un lugar llamado Harán con su tío, Labán.

En el viaje, Jacob tuvo un encuentro con Dios que cambió su vida para siempre. Cuando se puso el sol, colocó su cabeza cansada en una roca y se fue a dormir. En la noche tuvo un sueño en el que *"una escalera que estaba apoyada en tierra, y su extremo tocaba en el cielo; y he aquí ángeles de Dios que subían y descendían por ella"* (Génesis 28:12). Se llama *"Escalera de Jacob."*

Por encima de la escalera, Jehová estaba de pie y pronunció estas palabras: *"Yo soy Jehová, el Dios de Abraham tu padre y el Dios de Isaac; la tierra en que estas acostado te la daré a ti y a tu descendencia"* (versículo 13).

A la mañana siguiente, Jacob se despertó de su sueño y exclamó: *"Ciertamente Jehová está en este lugar, y yo no lo sabía"* (versículo 16). Con miedo y temblores, dijo: *"¡Qué increíble es este lugar! ¡Esto no es otra cosa que casa de Dios, y puerta del cielo!"* (versículo 17).

UN SEGUNDO ENCUENTRO

En Harán, Jacob se enamoró de Raquel, la hija de Labán. Deseando su mano en matrimonio, tuvo que trabajar la tierra durante muchos años de servidumbre antes de que los dos se les permitiera convertirse en marido y mujer. Después de casarse, Labán todavía no liberaba a Jacob de la obra, así que una noche Jacob y su familia se escaparon y se dirigieron de regreso a la tierra de su padre.

Aquí es cuando ocurrió el segundo gran encuentro con Dios.

Una noche, mientras Jacob estaba dormido, la Escritura detalla cómo *"y lucho con un varón hasta que rayaba el alba"* (Génesis 32:24). Pero cuando el *"Hombre"* —Dios en la semejanza de hombre— vio que no podía prevalecer contra él, El tocó en el sitio del encaje de su muslo, y se descoyuntó el muslo de Jacob.

El Hombre dijo, *"Déjame ir, porque raya el alba."*

Jacob respondió: *"No te dejaré, si no me bendices."*

Entonces, le dijo: *"¿Cuál es tu nombre?"*

"Jacob" el respondió.

Y El respondió: *"No se dirá más tu nombre Jacob, sino Israel; porque has luchado con Dios y con los hombres, y has vencido"* (versículo 28). Así que Jacob llamó al lugar, Peniel; porque dijo: *"Vi a Dios cara a cara, y fue librada mi alma"* (versículo 30).

La parte más irresistible de la historia es que, cuando Jacob se acercaba a casa, miró por el camino y vio a su hermano, Esaú, que venía hacia él con cuatrocientos hombres.

¿Qué pasaría? ¿Trataría ahora Esaú de vengarse y matar a Jacob? Justo lo contrario tuvo lugar. Qué escena era cuando *"Esaú corrió a su encuentro, y le abrazó, y se echó sobre su cuello y le besó, y lloraron"* (Génesis 33:4).

NO HAY NADA PARA COMPARAR CON UN ENCUENTRO PERSONAL CON DIOS.

En este caso, era tan poderoso que el nombre de un hombre se convirtió para siempre en el nombre de una nación: Israel.

La vida de Jacob está llena de experiencias con las que muchas personas pueden relacionarse. Intentó robarle a su propio hermano, y luego el padre de la mujer que amaba se aprovechó de él.

En última instancia, su historia nos da una poderosa imagen de reconciliación y restauración, recordándonos que esta es la vida a la que estamos llamados como hijos e hijas de Dios.

capítulo 5

La Presencia de Dios y Poder en
JOSÉ

No fue agradable ser el hijo favorito de Jacob, pero esto era cierto para José, y lo llevó en un montón de problemas. De hecho, sus hermanos lo odiaban.

José era un soñador. Cometió el error catastrófico de decirle a sus hermanos uno de sus sueños significativos: *"He aquí que atabamos manojos en medio del campo, y he aquí que mi manojo se levantaba y estaba derecho, y que vuestros manojos estaban alrededor y se inclinaban al mío"* (Génesis 37:7).

Sus hermanos recibieron el mensaje y preguntaron: *"¿Significa eso que vas a reinar sobre nosotros?"* Como resultado, lo despreciaron aún más.

Los celos se volvieron tan intensos que un día, cuando José salió al campo para ver a sus hermanos mayores, lo vieron a lo lejos y le dijeron: *"¡Mira, este soñador se acerca!"* (Versículo 19).

Inmediatamente, conspiraron para matarlo tirándolo a un pozo y diciéndole a su padre, Jacob, que algunos animales salvajes habían destrozado su cuerpo. Pero sin querer derramar su sangre, cuando una caravana de camellos llegó en dirección a Egipto, lo sacaron del pozo y lo vendieron a los mercaderes. Luego se fueron a casa con el abrigo de José de muchos colores. Los hermanos habían empapado la prenda en la sangre de una cabra como evidencia que apoyaría la historia falsa que habían inventado de cómo su hermano había sido asesinado por animales.

Este fue el comienzo de uno de los relatos más dramáticos de las Escrituras, y cómo la mano todopoderosa de Dios puede extendérnos la mano y sacarnos de cualquier situación para cumplir Su voluntad y propósito.

José aterrizó en Egipto y fue inmediatamente vendido a Potifar, un oficial de Faraón y capitán de la guardia.

Potifar quedó tan impresionado con José que le confió cada vez más responsabilidad. Pero una mentira de la esposa del oficial (que José trató de seducirla) llevó a José a prisión.

Como sucedió, Faraón tuvo un sueño que no podía ser interpretado por los videntes del día. Dios confió a José la respuesta. Como resultado, el rey lo llamó *un hombre como este, en quién este el Espíritu de Dios* (Génesis 41:38).

LA PRESENCIA DE JEHOVA FUE TAN EVIDENTE EN JOSE QUE FARAON LO HIZO GOBERNADOR SOBRE TODO EGYPT.

Cuando una gran sequía quemó la tierra, José fue puesto a cargo de almacenar y distribuir todo el grano en la tierra. También hubo una grave escasez de alimentos en Israel. Era tan grave que

Jacob envió a varios de sus hijos a Egipto para comprar grano. Por supuesto, la solicitud de su padre les obligaría a apelar al gobernador a cargo de los suministros ... cara a cara.

Se encontraron inclinándose sin saberlo ante José, su hermano, exactamente como el joven había soñado muchos años antes. Su solicitud fue concedida y regresaron a casa cargados de comida.

DIOS LO QUISO DECIR PARA BIEN

En una visita posterior, José se reveló dramáticamente a sus hermanos: *"Por favor, vengan a mí,* "ordenó. *Al igual que ellos, les dijo: "Yo soy José tu vuestro hermano, el que vendisteis para Egipto"* (Génesis 45:4).

Como pueden imaginar, los hermanos se sorprendieron; estaban muy consternados en su presencia. Pero José les aseguró: *"No...entristezcáis ni os pese de haberme vendido acá; porque para preservación de vida me envió Dios delante de vosotros"* (versículo 5).

Era una época de llanto y regocijo. José se enteró de que su padre aún estaba vivo, y pronto toda la familia se mudó a Egipto y se estableció en la tierra de Goshen.

LOS DOCE HIJOS SE CONVIERTEN EN LAS DOCE TRIBUS DE ISRAEL.

Cuando Jacob murió de esta vida, los hermanos se reunieron alrededor de José y una vez más suplicaron perdón. Al caer a sus rostros, gritaron: *"Henos aquí por siervos tuyos"* (Génesis 50:18).

José les aseguró: *"No temáis; ¿acaso estoy yo en lugar de Dios? Vosotros pensasteis mal contra mí, más Dios lo encaminó a bien, para hacer lo que vemos hoy, para mantener en vida a mucho pueblo"* (Génesis 50:19-20).

La vida de José es un poderoso recordatorio de que Jehová llama a sus hijos e hijas a andar con amor y perdón. Aquellos que toman este llamado están en una posición única para revelar el corazón del Padre al mundo.

capítulo 6

La Presencia de Dios y Poder en
MOISÉS

No hay sustituto para una relación personal e íntima con Dios. Esto es lo que le dio a Moisés su increíble capacidad para guiar a los hijos de Israel.

Según la Escritura, *"Allí no se ha levantado en Israel un profeta como Moisés, que conocía a Jehová cara a cara"* (Deuteronomio 34:10).

¡Si crees que eres demasiado viejo para hacer grandes hazañas por Dios, piensa de nuevo! Moisés tenía ochenta años cuando Jehová lo llamó a un *"ministerio de liberación"* diferente a cualquier cosa que el mundo hubiera conocido. Pasó los siguientes 40 años en una aventura divina.

Todo comenzó cuando Moisés estaba cuidando ovejas para su suegro, Jetro, en la parte trasera del desierto. Al llegar al monte Horeb, un ángel de Jehová se le apareció en una llama de fuego desde el medio de un arbusto, increíblemente, el arbusto no fue consumido.

Dios le llamó desde el fuego, diciendo:

"¡Moisés, Moisés!"

Y él respondió: *"Heme aquí"* (Éxodo 3:4).

Fue entonces cuando Jehová le contó a Moisés sobre la difícil situación de los hijos de Israel, y que había sido elegido para sacar al pueblo de Dios de la esclavitud egipcia.

Moisés, sintiéndose inadecuado, cuestionó: *"¿Quién soy yo para que vaya a Faraón, y saque de Egipto a los hijos de Israel?"* (versículo 11).

El "YO SOY"

Dios le aseguró a Moisés que obraría milagros y le daría la autoridad para llevar a cabo esta difícil tarea. Pero incluso entonces, Moisés estaba indeciso. En un momento argumentó: *"¡Ay, Señor!, nunca he sido hombre de fácil palabra, ni antes, ni desde que tu hablas a tu siervo; porque soy tardo en el habla y torpe de lengua"* (Éxodo 4:10).

El "YO SOY" respondió: *"¿Quién dio la boca al hombre?, ¿o quién hizo al mudo, al sordo, al que ve y al ciego? ¿No soy yo Jehová?"* (versículos 11-12).

¡QUÉ AVENTURA FUE! BAJO LA UNCIÓN Y EL PODER DE DIOS, MOISÉS LE DIO AL FARAÓN, "¡DEJA IR A MI GENTE!"

Se necesitaron una serie de plagas antes de que Faraón cedió y comenzó el éxodo histórico. Los hijos de Israel se dirigían a la Tierra Prometida.

En el viaje por el desierto, Moisés estaba constantemente rodeado por un mar de negatividad, pero se elevó por encima de los murmullos y el descontento, permaneciendo fiel a la comisión y al mandato de Dios. Este es un poderoso desafío que todavía resuena hoy en día en un mundo lleno de negatividad y oscuridad.

EN LA MONTAÑA

Los encuentros personales de Moisés con el Gran Jehová fueron impresionantes. Cuando su líder, Moisés, fue a la cima del monte Sinaí para hablar con Dios, el pueblo no podía verse personalmente haciendo lo mismo. Le dijeron: *"Habla tu con nosotros, y nosotros oiremos; pero no hable Dios con nosotros, para que no muramos"* (Éxodo 20:19). Este mismo temor a un poder superior es expresado por muchos hoy en día. Parecen asustados de estar en su santa presencia y tener una relación cercana con Él.

Es increíble lo que sucedió cuando Moisés salió con fe y entró en la unción. ¡Como resultado, el Mar Rojo se separó, el agua fluyó de una roca, ¡y el maná llovió del cielo!

ME MARAVILLO DE COMO
MOISÉS LLEVÓ A CABO
EL IMPOSIBLE
POR EL PODER
FUERTE DEL SEÑOR.

ESTO LITERALMENTE CAMBIÓ
EL CURSO ENTERO
DE LA HISTORIA JUDÍA.

Hay dos lecciones importantes que debemos aprender de la vida del profeta Moisés. Primero, usted nunca es demasiado viejo para responder a la voz de Dios. Segundo, si su Padre celestial lo llama a una tarea monumental, Él le proporcionará el poder sobrenatural necesario para que se cumpla.

¡Aleluya!

capítulo 7

La Presencia de Dios y Poder en
JOSUÉ

Desde el comienzo del Éxodo, un hombre llamado Josué permaneció cerca de Moisés. Una vez que fue un antiguo esclavo en Egipto, Josué se convirtió en el comandante militar de Moisés cuando los Israelitas derrotaron a los Amalecitas en Rephidim.

Los dos estaban tan unidos que Josué acompañó a Moisés al menos a la mitad de la montaña cuando se dieron las tablas de piedra que contenían los Diez Mandamientos (Éxodo 24:13-14).

Cuando llegó el momento de explorar la Tierra Prometida, Josué fue uno de los doce hombres que fueron comisionados para ir, y uno de los dos únicos hombres que regresaron con un informe positivo y alentador de lo que había presenciado.

Una característica clave que distinguió a Josué del resto de los Israelitas fue su nivel de fe, ya que creía en las promesas de Dios y se negaba a ser intimidado por el tamaño o la fuerza del enemigo y sus ciudades.

> JOSUÉ RECUERDA
> CÓMO EL TODOPODEROSO
> HABÍA TRATADO CON EGIPTO,
> Y SABÍA QUE
> EL SEÑOR PODÍA
> MOSTRAR SU PODER DE NUEVO.

Lamentablemente, Moisés nunca puso un pie en Canaán. Antes de morir, Moisés nombró a Josué para ser el líder de los Israelitas, instruyéndole: *"Esfuérzate y anímate, pues tu introducirás a los hijos de Israel en la tierra que les juré, y yo estaré contigo"* (Deuteronomio 31:23).

Esto fue una gran responsabilidad, pero con la ayuda de Dios, Josué estaba más que listo para la increíble asignación.

Cuando los Israelitas llegaron a las orillas del río Jordán, listos para entrar en Canaán, Dios separó las aguas para Josué tal como lo había hecho para Moisés en el Mar Rojo.

¡HORA de GRITAR!

El mayor conflicto quedó por delante en el horizonte tomando la ciudad de Jericó. Con Josué al mando, Jericó estaba bajo asedio, pero las paredes parecían demasiado fuertes para ser penetradas. Ahí es donde el poder de Dios hizo una aparición inolvidable.

Jehová prometió a Josué y a los hijos de Israel que Jericó sería de ellos, y luego reveló el plan. Dios dijo que el ejército de Israel debería *"Rodearéis, pues, la ciudad todos los hombres de guerra, yendo alrededor de la ciudad una vez; y esto haréis durante seis días. Y siete sacerdotes llevaran siete bocinas de cuernos de carnero delante del arca; y al séptimo día daréis siete vueltas a la ciudad, y los sacerdotes tocaran las bocinas"* (Josué 6:3-4).

Entonces Jehová instruyó que cuando el sacerdote hiciera una larga explosión con el cuerno del carnero, y cuando los Israelitas escucharan el sonido de la trompeta, *"todo el pueblo gritará a gran voz, y el muro de la ciudad caerá; entonces subirá el pueblo, cada uno derecho hacia adelante"* (versículo 5).

Sucedió exactamente como Dios prometió. Los muros de Jericó se derrumbaron y los Israelitas entraron.

EL GENERAL DE DIOS

Esta fue la primera de muchas campañas que resultaron en que Josué conquistó la tierra en la que Jehová prometió que vivirían.

La Biblia registra que seis naciones y 31 reyes cayeron en el ejército que Josué levantó y mandó. Luego, cuando Canaán fue completamente sometido, dividió la tierra según las tribus y mantuvo a Timnat- Sera en las montañas de Efraín como su herencia personal (Josué 19:50).

Como líder militar, Josué es considerado por muchos como uno de los mayores generales de todos los tiempos. Uno debe preguntarse qué hizo que este líder, o cualquier líder, fuera realmente grandioso. ¿Cuál habría sido el resultado sin la intervención de Dios? ¿Cómo pudo haber guiado al pueblo sin guía divina?

ESTE LÍDER
ESTABLECE UN EJEMPLO
DE GRANDEZA
POR SU DECISIÓN
DE SEGUIR A DIOS
Y SU DIVINA VOZ.

Independientemente de los gigantes que enfrente hoy, recuerde que Dios es omnipotente y fiel para cumplir Sus promesas. Su favor descansa sobre aquellos que eligen enfocarse en Dios más que en sus circunstancias.

capítulo 8

La Presencia de Dios y Poder en
DEBORAH

La próxima vez que alguien trate de decirte que las mujeres son débiles, diles que abran su Biblia y lean acerca de una mujer llamada Deborah.

En el libro de Jueces, descubrirán que esta extraordinaria persona tenía tres funciones en el Reino de Dios: la de una profetisa, una guerrera y una jueza. De hecho, ella es la única jueza femenina mencionada en la Biblia. La Escritura describe cómo *"la cual habitaba debajo de una palmera… en el monte de Efraín; y los hijos de Israel subían a ella a juicio"* (Jueces 4:5).

En ese momento, los enemigos de Israel,

liderados por Jabín, rey de Canaán, se reunían para hacer la guerra. Dios le dio a Deborah una palabra de profecía, por lo que llamó a Barac, un comandante militar Hebreo, y le dijo: *"No te ha mandado Jehová Dios de Israel, diciendo: 'Ve, junta a tu gente en el monte de Tabor, y toma contigo diez mil hombres de la tribu de Neftalí y de la tribu de Zabulón; y yo atraeré hacia ti al arroyo de Cisón a Sisara, jefe del ejército de Jabín, con sus carros y su ejército, y lo entregaré en tus manos?"* (versículos 6-7).

> BARAC SABÍA QUE ESTO
> ERA MÁS QUE
> UNA MUJER QUE HABLA;
> ERA UN MANDO DIRECTO
> DE DIOS MISMO.

Así que él le respondió a Deborah: "¡Si tu vienes conmigo, yo iré; pero si no vienes conmigo, no iré! (versículo 8).

No tenía precedentes que el líder de un ejército se negaría a marchar a la batalla a menos que una mujer estuviera a su lado, pero reconoció que Dios estaba con ella. Deborah acompañó personalmente a Barac al monte Tabor, donde se les unieron 10,000 soldados. Cuando dio la señal, el ejército de Israel irrumpió en la batalla. Tal como Deborah había profetizado, el enemigo fue completamente derrotado. Esta fue la primera gran victoria para Israel desde los días de Josué.

HORA DE CANTAR

Cuando el conflicto cesó, Deborah y Barac escribieron una canción de alabanza y la cantaron juntos. Está grabado en Jueces 5 como *"La Canción de Deborah."*

Las palabras incluyen:

"Por haberse puesto al frente los caudillos en Israel,
Por haberse ofrecido voluntariamente el pueblo,
¡Bendice al Señor!
Oíd, reyes; escuchad, oh príncipes;
Yo cantaré a Jehová; Cantaré salmos a Jehová el

Dios de Israel Así perezcan todos tus enemigos, oh Jehová; Mas los que te aman, sean como el sol cuando nace con todo su fulgor."

Después de que las espadas y los escudos fueron colocados, *"la tierra reposo cuarenta años"* (Jueces 5:31).

UNA UNCIÓN REVOLUCIONARIA

Deborah encarnaba muchas cualidades que las mujeres de todas partes serían sabias de emular. Ella no sólo estaba llena de pasión y valor, sino que conocía a Dios íntimamente como un intercesor y adorador. Es importante tener en cuenta que Deborah poseía una unción revolucionaria que permitía liberar a la gente. Esta es una unción que todos los hombres y mujeres deben buscar.

Las mujeres son una fuerza increíble cuando aprovechan el poder y la presencia de Dios. En mis viajes por el mundo, he visto a Jehová usar a las mujeres para llevar la sanación, la liberación y el mensaje de Cristo a quienes están sufriendo y sin esperanza.

Hoy animo a las mujeres de todas partes a estar en la brecha por sus hermanos y hermanas en Jehová, así como para aquellos que han perdido su camino.

SU FORTULEZA ESPIRITUAL
ES CRÍTICA PARA ALGUIEN
EN SU MOMENTO
DE NECESIDAD DESESPERADA.
ES HORA DE PONER LA FE,
LA AUTORIDAD
Y EL VALOR DE DEBORAH.

capítulo 9

La Presencia de Dios y Poder en
SAMUEL

Una mujer llamada Ana estaba extremadamente angustiada. Todos sus amigos tenían hijos, pero su vientre seguía estéril. Año tras año fue al templo, llorando y llorando a Jehová, suplicándole que le diera un hijo.

Un día, Elí, el sacerdote, estaba sentado en la puerta del templo y escuchó su súplica. Ana *"con amargura de alma oró a Jehová, y lloró abundantemente. E hizo voto, diciendo: 'Jehová de los ejércitos, si te dignas mirar a la aflicción de tu sierva…sino que das a tu sierva un hijo varón, yo lo dedicaré a Jehová todos los días de su vida y no pasará navaja sobre su cabeza'"* (1 Samuel 1:11).

Al principio, el sacerdote pensó que estaba intoxicada, pero pronto se dio cuenta de que era sincera en su oración. Elí le dijo: *"Ve en paz, y [que] el Dios de Israel te otorgue la petición que le has hecho"* (versículo 17).

En el proceso del tiempo, Ana concibió y dio a luz a un hijo. *"[Ella] le puso por nombre Samuel, diciendo: 'Por cuanto lo pedí a Jehová'"* (versículo 20).

Después de que Samuel fue destetado, Ana y su esposo llevaron al niño al templo y literalmente lo dieron a Jehová. No sólo simbólicamente, sino físicamente, para ser criado en el templo por Elí el sacerdote. Ana dijo: *"todos los días que viva, será prestado a Jehová"* (versículo 28). Este era el mismo templo donde descansaba el Arca de la Alianza.

La Escritura registra que *"el joven Samuel iba creciendo, y era acepto delante de Dios y delante de los hombres"* (1 Samuel 2:26).

Una noche, cuando todavía era un niño,

oyó una voz que decía: *"¡Samuel, Samuel!"*

Se despertó y respondió: *"Sí. Estoy aquí."* Luego corrió hacia Elí, diciendo: *"Te oí llamar. Estoy aquí."*

Elí le dijo que volviera a dormir porque no lo había despertado. Esto sucedió tres veces, pero no fue Elí, sino la voz de Dios.

Jehová le dijo a Samuel que había pecado en la familia de Elí y que sería criado para guiar a Israel. Con el paso del tiempo, Jehová comenzó a revelarse a Samuel, e Israel lo abrazó como profeta y gobernante de esa nación.

Bajo el liderazgo de Samuel, los Israelitas se apartaron de la idolatría. En un punto crucial, los filisteos robaron el Arca de la Alianza. Samuel llevó a la nación de Israel a una victoria triunfal sobre los filisteos, lo que dio lugar a que el Arca fuera devuelta.

Lamentablemente, los dos hijos de Samuel no siguieron los pasos de su padre, e Israel no podía soportar la idea de que gobernaran la nación. Así que, en lugar de tener un profeta para su líder, exigieron un rey.

Cuando Samuel oyó esto, su corazón fue aplastado, pero Dios le hizo saber: *"Oye la voz del pueblo en todo lo que te digan; porque no te han desechado a ti, sino a mí me han desechado"* (1 Samuel 8:7).

Poco después, un joven de la tribu de Benjamín llegó a la ciudad donde Samuel vivía mientras ayudaba a su amigo a buscar a sus burros perdidos. Se llamaba Saúl.

En el momento en que Samuel puso los ojos en Saúl, Dios dijo: *"He aquí, este es el varón del cual te hablé; este gobernará a Mi pueblo. Este reinará sobre Mi pueblo"* (1 Samuel 9:17).

Jehová obra de maneras misteriosas, Sus maravillas para realizar, y Saúl fue ungido rey sobre Israel. Pero a medida que aprendemos en el siguiente capítulo, Dios no terminó de moverse en la vida de Su siervo Samuel.

capítulo 10

La Presencia de Dios y Poder en
DAVID

Dios le dio al pueblo de Israel lo que querían: un rey. Pero Saúl resultó ser tonto y corrupto.

AQUÍ ES DONDE
LA MANO DE DIOS
SE MOVIÓ AÚN MÁS
Y USÓ SAMUEL
DE UNA MANERA NOTABLE.

En Belén vivía un hombre llamado Isay, el bisnieto de Booz y Rut. Engendró ocho hijos, el más joven de los cuales era David. David era un pastorcillo que aprendió y agudizó sus habilidades de lucha mientras protegía a su rebaño de los animales de caza. En el campo, David también tuvo tiempo de desarrollar sus talentos musicales mientras tocaba la flauta y el arpa.

Jehová envió a Samuel a la casa de Isay para elegir a uno de sus hijos como el futuro rey. Después de entrevistar y rechazar a los primeros siete, Samuel preguntó: *"¿Son estos todos tus hijos?"* Isay respondió: *"Queda aún el menor, que apacienta las ovejas"* (1 Samuel 16:11).

Inmediatamente, Dios sancionó Su aprobación del joven. *"Y Samuel tomó el cuerno de aceite y lo ungió en medio de sus hermanos; y desde aquel día en adelante el Espíritu de Jehová vino sobre David."* (versículo 13).

El rey Saúl sufría de depresión, por lo que pidió a sus siervos que encontraran a cualquiera que pudiera calmar su espíritu tocando música. Exacto: encontraron a David que, a su vez, pasó muchos días tocando el arpa para el problemático Saúl.

Algún tiempo después, en una batalla con los filisteos, un gigante llamado Goliat se burló de los ejércitos de Saúl, diciendo: *"Envía a uno de tus hombres a luchar contra mí."* Nadie fue lo suficientemente valiente. Entonces David salió a ver qué estaba pasando. Sorprendentemente, se ofreció como voluntario. Saúl se rió— y también el gigante, pero David puso una piedra en su honda y mató a Goliat en el acto.

Debido a su acto de heroísmo, David fue tan celebrado en la tierra que Saúl se puso celoso y trató de matarlo. Finalmente Saúl murió en la batalla, y David se convirtió en rey a la edad de 30 años. Reinó 40 años.

UN ESPÍRITU RENOVADO

Uno de los aspectos más destacados de su gobierno fue capturar Jerusalén, que hizo la capital de Israel. Tres meses más tarde, David trajo el Arca de la Alianza a la Ciudad Santa, que desencadenó una de las mayores celebraciones registradas en las

Escrituras. Fue colocado en un nuevo Tabernáculo que el rey David construyó.

Los altibajos de la vida de David llenan muchas páginas de la Palabra de Dios, incluidas sus batallas victoriosas que contrastan con su pecado con Betsabé. En medio de los altibajos de David, Dios lo llamó *"varón conforme a mi corazón"* (Hechos 13:22).

LA RAZÓN DAVID SE HIZO
TAL INSTRUMENTO
EN LA MANO DEL SEÑOR
ES PORQUE ÉL BUSCÓ
LAS COSAS DE DIOS.

CUANDO ÉL HIZO ERRORES,
ÉL REZÓ PARA EL PERDÓN.

En Salmos 51:1-2 ora: *"Ten piedad de mí, oh Dios, conforme a tu misericordia; Conforme a la multitud de tus piedades borra mis delitos. Lávame a fondo de mi maldad, y límpiame de mi pecado."*

En un momento dado, miró hacia los cielos y suplicó: *"Crea en mí, oh Dios, un corazón limpio y renueva un espíritu recto dentro de mí. No me eches de delante de ti, y no retires de mi tu santo Espíritu"* (versículos 10-11).

En el Nuevo Testamento, Jesús es llamado *"El hijo de David."* El linaje de Cristo se remonta a David en el primer capítulo de Mateo.

En muchos sentidos, la vida de David presagió la vida de Cristo. Ambos nacieron en la ciudad de Belén y fueron pastores cuidando su rebaño (Jesús fue llamado "El buen pastor" en Juan 10:11).

Por encima de todo, David era aquel que adoraba y amaba a Jehová. En los Salmos, David nos ha dejado con una hermosa colección de cantos y oraciones de adoración. Con él podemos allar nuestras voces y decir: *"¡Alabado sea Jehová!"*

capítulo 11

La Presencia de Dios y Poder en
ELÍAS

Israel estaba en graves aprietos cuando el profeta Elías el Profeta vino a la escena. El rey Acab y su esposa inicua, Jezabel, llevaron al país a la adoración de Baal. La Biblia nos dice: *"Acab más que todos los reyes de Israel que reinaron antes que él, para provocar la ira de Jehová Dios de Israel"* (1 Reyes 16:33). Elías advirtió de las consecuencias siniestras que les esperaban si esta adoración pagana continuaba.

A continuación, encontramos al profeta en un barranco llamado Querit, donde fue alimentado por cuervos. Entonces, cuando el arroyo se secó,

Jehová le dijo: *"Levántate, vete a Sarepta de Sidón, y mora allí; he aquí yo he dado orden allí a una mujer viuda que te sustente"* (1 Reyes 17:9).

En la puerta de la ciudad, el hambriento Elías vio a la mujer y le pidió una taza de agua y un bocado de comida. La viuda respondió que sólo tenía un puñado de harina en un recipiente y una cantidad escasa de aceite en un frasco. Ella le explicó: *"Estoy recogiendo dos leños para entrar y prepararlo para mí y para mi hijo, para que lo comamos, y nos dejemos morir"* (versículo 12).

Dios le instruyó al profeta que le pidiera que se fuera a casa y le hiciera un pequeño pastel primero y luego ella también tendría suficiente para ella y su hijo: *"Porque Jehová Dios de Israel ha dicho así: La harina de la tinaja no escaseará, ni el aceite de la vasija disminuirá, hasta el día en que Jehová haga llover sobre la faz de la tierra'"* (versículo 14).

¡Un milagro estaba en camino! Sucedió tal como Dios lo predijo.

Poco después, el hijo de la viuda murió de una enfermedad. Elías literalmente puso su cuerpo sobre el niño muerto y lloró: *"Jehová Dios mío, te ruego que hagas volver el alma de este niño a él"* (versículo 21).

Dios oyó la oración del profeta y su hijo volvió a la vida.

EL ENFRENTAMIENTO

Unos tres años más tarde, Elías tuvo otro enfrentamiento con el rey Acab. Esta vez fue en el Monte Carmelo entre él y 450 profetas paganos de Baal.

La disputa era determinar quién era Dios en realidad real.

En el altar del sacrificio, a cada lado se le dio un toro para cortar y colocar en la madera, pero a ambos se les dijo que no encendieran un fuego debajo. Elías dijo: *"Invocad luego vosotros el nombre de vuestros dioses, yo invocaré el nombre de Je-*

hová, y el Dios que responda por medio de fuego, ese sea Dios" (1 Reyes 18:24).

Cuando le fue el turno de Elías, vertió agua sobre el altar para hacerlo aún más difícil. Entonces ofreció esta sincera oración: *"Jehová Dios de Abraham, de Isaac y de Israel, sea hoy manifiesto que tú eres Dios en Israel, y que yo soy tu siervo y que por mandato tuyo he hecho todas estas cosas. Respóndeme, Jehová, para que conozca este pueblo que tú, oh Jehová, eres el Dios, y que tu vuelves a ti el corazón de ellos"* (versículos 36-37).

LO QUE RESULTÓ FUE UNA DEMONSTRACIÓN SUPERNATURAL DEL PODER DE DIOS TODOPODEROSO.

¡El fuego cayó y consumió la ofrenda! Llevó a la gente a dar la espalda a la idolatría y comenzaron a adorar al verdadero Señor.

Cuando Jezabel se enteró de que sus sacerdotes

habían sido asesinados en el enfrentamiento, ordenó que Elías fuera asesinado.

Temiendo su vida, el profeta huyó. Agotado, durmiendo bajo un arbusto, apareció un ángel y le ofreció alimento. Esta milagrosa intervención le dio la fuerza para caminar 40 días mientras viajaba al monte Horeb.

EL ESPÍRITU DE ELÍAS

En el Nuevo Testamento, se dijo acerca de Juan, el precursor del Mesías: *"y él mismo irá delante, en su presencia, con el espíritu y el poder de Elías, para hacer volver los corazones de los padres a los hijos, los desobedientes a la sensatez de los justos, a preparar para el Señor un pueblo bien dispuesto"* (Lucas 1:17).

Doy gracias a Dios por Su fuego y poder que consume todo lo que está disponible para todos los que creen en Él.

capítulo 12

La Presencia de Dios y Poder en
ELISEO

El profeta Elías caminaba del Sinaí a Damasco cuando vio a Eliseo trabajando en los campos, arado con un yugo de 12 bueyes. Dios le había dicho previamente al profeta que ese era el hombre que algún día tomaría su lugar. Elías caminó sobre *"y echó sobre él su manto"* (1 Reyes 19:19). Este fue un gesto simbólico, lo que indica que Eliseo se convertiría en su sucesor.

Como señal de que un nuevo futuro estaba en el horizonte, Eliseo preparó una barbacoa de los bueyes, tuvo un banquete para sus amigos y familiares. Después de la fiesta, se fue para convertirse en siervo de Elías.

Varios años más tarde, cuando Elías sabía que su vida en la tierra estaba llegando a su fin, en Gilgal, el profeta le dijo a Eliseo: *"Quédate ahora aquí, porque Jehová me ha enviado a Betel. Y Eliseo dijo: '¡Vive Jehová, y vive tu alma, que no te dejaré!' Descendieron, pues a Betel"* (2 Reyes 2:2).

Lo mismo ocurrió en Betel y en Jericó. Eliseo no saldría del lado de Elías. Eran inseparables, así que los dos viajaron por delante.

Al llegar a las orillas del río Jordán, *"Tomando entonces Elías su manto, lo dobló y golpeó las aguas, las cuales se apartaron a uno y a otro lado, y pasaron ambos por lo seco"* (versículo 8).

Finalmente, Elías le preguntó a Eliseo: *"Pide lo que quieras que haga por ti, antes que yo sea quitado de ti"* Eliseo respondió humildemente: *"Te ruego que vengan sobre mí dos partes de tu espíritu"* (versículo 9).

El profeta respondió: *"Cosa difícil has pedido. Si me ves cuando sea quitado de ti, te será hecho así; más si no, no"* (versículo 10).

Mientras continuaban caminando juntos, de repente apareció un carro de fuego con caballos de fuego y separó a los dos hombres, y Elías subió al cielo en un torbellino.

Con sus propios ojos Eliseo vio lo que estaba ocurriendo y gritó: *"¡Mi padre, mi padre, el carro de Israel y sus jinetes!"* (versículo 12)—y ya no vio al profeta.

En ese momento, Eliseo se apoderó de su propia ropa y la destrozó en dos pedazos. También recogió el manto de Elías que había caído de él y regresó y se paró cerca de la orilla del Jordán.

Quedaba una pregunta clave. ¿El poder que una vez descansó sobre Elías el Profeta sería ahora sobre Eliseo? Lo que pasó después responde a esa pregunta. La Biblia registra que Eliseo *"Y tomando el manto de Elías el Profeta que se le había caído, golpeó las aguas, y dijo: '¿Dónde está Jehová, el Dios de Elías?' Y así que hubo golpeado del mismo modo las aguas, se apartaron a uno y a otro lado, y pasó Eliseo"* (versículo 14).

"ASÍ DICE EL SEÑOR"

Este fue el comienzo del ministerio milagroso del nuevo profeta Eliseo.

Cuando regresó a Jericó, en el momento en que los hijos de los profetas lo vieron, gritaron: *"El espíritu de Elías reposó sobre Eliseo"* (versículo 15). Podían verlo y sentirlo, y se inclinaron ante el suelo delante de él.

El agua de la ciudad de Jericó estaba tan contaminada que la gente se estaba enfermando y muriendo. Además, debido a la contaminación, los cultivos no crecieron. Por orden de Jehová, Eliseo fue a la fuente del agua, arrojó un poco de sal y declaró: *"Así dice Jehová: Yo saneo estas aguas, y no habrá más en ellas muerte ni enfermedad"* (versículo 21).

El suministro de agua de la ciudad fue limpia.

Un día, un hombre le trajo a Eliseo las *"primeras frutas"* del pan de cebada que estaba haciendo. El profeta instruyó: "Dáselo a la gente para que coman."

El respondió su sirviente: *"¿Cómo pondré esto delante de cien hombres?"* (2 Reyes 4:43).

Eliseo repitió sus palabras: *"Jehová dijo: ¡Hazlo!"*

El panadero atendió la petición cuando puso los pocos panes delante de los cien hombres, *"y comieron, y les sobró, conforme a la palabra de Jehová"* (versículo 44).

EN CASO DE QUE NO SABÍAS, DIOS TODAVÍA ESTÁ EN EL NEGOCIO DE TRABAJO DE MILAGROS.

Eliseo nos dejó una poderosa imagen de todo lo que puede resultar de una persona que tiene suficiente hambre para gritar por una doble porción del Espíritu Santo. No lo dudes. De rodillas ahora en el espíritu de Eliseo y observe cómo el Señor honra este deseo de su corazón.

capítulo 13

La Presencia de Dios y Poder en
NEHEMÍAS

Jerusalén tenía un problema serio. Cuando el rey Nabucodonosor destruyó la ciudad unos 150 años antes, no sólo derribó los muros, sino que también quemó las puertas de la ciudad. Después del exilio Babilónico, cuando los Israelitas regresaron a casa por primera vez, no repararon los muros destrozados. Esto hizo que los residentes se preocuparan por su seguridad, especialmente porque un enemigo podría lanzar fácilmente un ataque.

Un Judío exiliado, que aún vivía en Babilonia, era un hombre llamado Nehemías. Un día, su hermano.

Hananí y algunos otros hombres de Israel vinieron de visita. Mientras estaban allí, le dijeron: *"El remanente, los que quedaron de la cautividad, allí en la provincia, están en gran mal y afrenta, y el muro de Jerusalén derribado, y sus puertas quemadas a fuego"* (Nehemías 1:3). Nehemías estaba tan entristecido por la noticia que se sentó y lloró. Entonces comenzó a ayunar y a orar acerca de la situación.

Poco después, el rey le preguntó a Nehemías: *"¿Por qué está triste tu rostro?"*

Nehemías respondió: *"¿Cómo no estará triste mi rostro cuando la ciudad, casa de los sepulcros de mis padres, esta desierta, y sus puertas consumidas por el fuego?"* (Nehemías 2:3).

"¿Qué es lo que deseas?" preguntó el rey.

Nehemías respondió: *"Si le place al rey, y tu siervo ha hallado gracia delante de ti, envíame a Judá, a la ciudad de los sepulcros de mis padres, y la reedificaré"* (versículo 5).

El rey no sólo lo aprobó, sino que también le ayudó con suministros para parte de la reconstrucción.

LANZAS Y ESPADAS

Cuando Nehemías llegó a Jerusalén, inspeccionó los daños. Luego, cuando anunció sus planes, el pueblo le dio una respuesta entusiasta: *"Levantémonos y edifiquemos"* (Nehemías 2:18).

En marcado contraste, había enemigos de los Israelitas viviendo cerca. Cuando vieron partes de la pared que se estaban construyendo, conspiraron: *"Subiremos y los mataremos y detendremos el edificio."*

Nehemías se enteró de la amenaza y armó a los trabajadores con lanzas y espadas en preparación para un posible ataque enemigo. Animó a los obreros: *"No temáis delante de ellos; acordaos del Señor, grande y temible, y pelead por vuestros hermanos, por vuestros hijos y por vuestras hijas, por vuestras mujeres y por vuestras casas"* (Nehemías 4:14).

La Escritura nos dice: *"Los que edificaban en el muro, los que acarreaban, y los que cargaban, con una mano trabajaban en la obra, y en la otra tenían la espada. Porque los que edificaban, cada uno tenía su espada ceñida a sus lomos, y así edificaban"* (versículos 17-18).

Los valientes voluntarios mantuvieron sus armas listas mientras trabajaran. En una tarea que debería haber tomado mucho más tiempo, las paredes se terminaron en sólo 52 días.

Pronto, hombres y mujeres llegaron de toda la región para *"hacer la dedicación y la fiesta con alabanzas y con canticos, con címbalos, salterios y cítaras"* (Nehemías 12:27).

¿QUÉ PASA CONTIGO?

Esta historia ilustra la influencia que una persona que escucha de Dios puede tener en una ciudad o incluso en una nación. Jehová no sólo usa predicadores o profetas para lograr el cambio y cumplir Sus planes. Nehemías ocupó un cargo secular en Persia, pero Jehová lo llamó a una asignación especial de gran importancia.

¿Qué te está pidiendo?

capítulo 14

La Presencia de Dios y Poder en
ESTER

El poder de Dios no conoce límites. Puede sanar a los enfermos, liberar a los oprimidos y cambiar el curso de la historia. ¡Aquí, vemos cómo una chica Judía fue usada por Dios para salvar a toda una nación!

En la época de Babilonia, el rey Asuero era el gobernante. Una noche, en una fiesta, el rey ordenó a su esposa, la reina Vasti, que hiciera una aparición. El rey quería mostrar a todos lo hermosa que era. Ella se negó, y Asuero estaba más que molesto.

Uno de los consejeros del rey, Amán, bromeó

a él que, si la gente se enteraba, pensarían que había perdido su autoridad en casa. Así que, a instancias de Amán, el rey hizo que Vasti desterrara del palacio. En un momento, perdió a su marido y su papel como reina.

Para ocupar el puesto vacante por la partida de Vasti, el rey ordenó una búsqueda en todo el reino para que una hermosa chica fuera la próxima reina. Muchas chicas fueron reclutadas, pero una se destacó entre los demás. Los exploradores encontraron una chica amable y cortés llamada Ester, y pronto se casaron.

Ester era Judía. Su familia había sido expulsada de Israel unos 70 años antes y vivían en el exilio en Persia, oraban todos los días para que algún día pudieran regresar a su tierra natal.

PARA UN MOMENTO COMO ESTE

Ester tenía un tío llamado Mardoqueo, quien la animó a ocultar su fe de su esposo, lo cual hizo. Para entonces, Amán había ascendido al poder en el reino. Este orgulloso gobernante pensó que todos debían inclinarse ante él. Cuando Mordequeo se negó, le pidió al rey que emitiera un decreto que exigía la aniquilación total de los judíos.

Mardoqueo se enteró de esto y le envió un mensaje a Ester sobre la trama. A pesar de que era la reina, no podía ver al rey sin ser invitada específicamente. Así que, después de ayunar y orar durante tres días, ella tomó un riesgo impensable. Arriesgó su propia vida al ir a ver Asuero.

Mardoqueo le había dicho: *"¿Y quién sabe si para una ocasión como esta has llegado a ser reina?"* (Ester 4:14).

El rey no ordenó que Ester fuera asesinada. En cambio, en su reunión, el rey ofreció *"la mitad de mi reino por sus deseos."* La reina había encontrado el favor de su rey.

Ella respondió con una petición extraña. Todo lo que pidió fue que el rey y Amán se unieran con ella para cenar esa noche. En el banquete, el rey le preguntó: *"Dime, ¿cuál es tu petición?"*

Ella dejó de responder hasta que los tres compartieron otra comida la noche siguiente. Justo antes del segundo evento, Amán vio a Mardoqueo en la puerta del palacio. Cuando todavía se negaba a inclinarse, Amán estaba tan enfurecido que tenía horca construida y sobre la que planeaba colgar a Mardoqueo al día siguiente.

Esa misma noche el rey estaba inquieto e incapaz de dormir, así que pidió leer el libro que contenía el registro de su reinado. Pasó a una página donde Mardoqueo había expuesto una conspiración para asesinarlo, salvando así su vida. Cuando se le recordó esto, preguntó: *"¿Qué recompensa ha recibido Mardoqueo?"* Cuando se enteró de que no se había hecho nada, así que comenzó a hacer planes.

En un giro irónico, a la mañana siguiente cuando Amán llegaba al palacio para pedir que Mardoqueo fuera ahorcado, el rey Asuero lo saludó con, *"¿Qué se debe hacer por el hombre que el rey se deleita en honrar?"*

Arrogantemente, Amán pensó que el rey se refería a él, por lo que respondió: "A un hombre se le debe dar una túnica real y ser guiado por el rey por las calles."

Qué sorpresa fue para Amán que debió haber sido cuando el rey ordenó: *"Ve a la vez y coge la túnica y el caballo y haz lo que sugieres para Mardoqueo el Judío, que se sienta en la puerta."* ¿Te imaginas todo lo que pasó por la mente de este hombre malvado al que ahora se le ordenó mostrar honor al mismo hombre al que planeaba asesinar?

Amán no tuvo otra opción que obedecer.

Finalmente, Ester compartió el secreto de que era Judía y le rogó a su marido que perdonara a su pueblo.

Cuando el rey se enteró de que Amán había construido la horca para colgar a Mardoqueo, estaba tan furioso que ordenó que Amán fuera ahorcado allí en su lugar.

DIOS ESTABA TRABAJANDO
TAN PODEROSAMENTE
DETRÁS DE LA ESCENA
QUE EL REY EMITIÓ
UNA NUEVA ORDEN QUE TODOS
LOS JUDÍOS DE LA NACIÓN NO DEBÍAN
SER SOLAMENTE ESPARCIDOS,
PERO TAMBIÉN PROTEGIDOS
Y HONRADOS.

Hasta el día de hoy, Israel elogia a Ester con una fiesta anual de Purim.

La historia de Ester es una poderosa ilustración del potencial que se tiene dentro del destino dado por Dios de cada persona. La respuesta negativa de Esther de dejar esperanza para su gente y su desinterés increíble nos recuerda a qué esto parece para comportarse en una manera real que honra a un Rey verdadero.

Imagina la influencia que tu vida tendrá por el Reino de Dios al procurar vivir al paso del latido del corazón del único verdadero Rey de reyes.

capítulo 15

La Presencia de Dios y Poder en
JOB

Si alguien realmente "lo había hecho," era un tipo llamado Job en el Antiguo Testamento. Tenía una gran familia, miles de ovejas y bueyes, y una enorme riqueza. Fue bendecido sin medida. Algunos han sugerido que, en ese momento, él era el hombre más rico de la tierra. La Biblia registra: *"Este hombre era el más grande de todos los del Este"* (Job 1:3).

De manera evidente, esto realmente molestó a Satanás. Cuando el diablo vino a Dios, Jehová comenzó a jactarse de Su siervo Job: *"¿No has considerado a mi siervo Job, que no hay otro como él en la tierra, un varón cabral y recto, que temeroso de Dios y apartado del evita?"* (versículo 8).

Insultantemente, Satanás pensó que pondría a prueba a Jehová sugiriendo que Dios había puesto una cobertura de protección alrededor de Job y lo bendijo. Un desafío impensable siguió cuando Satanás comentó: *"¡Pero extiende ahora tu mano y toca lo que tiene, y veras si no blasfema contra ti en tu misma presencia!"* (versículo 11).

JEHOVÁ DECIDIÓ DEMOSTRAR AL DIABLO QUE JOB NO ERA UN HOMBRE HONRADO SÓLO PORQUE ÉL FUE BENDITO Y TENÍA EL FAVOR.

Entonces, Dios respondió a Satanás con Su propio desafío: *"He aquí, todo lo que tiene está en tu mano; solamente no pongas tu mano sobre él"* (versículo 12). En otras palabras, *"Voy a entregarlo a ustedes por un tiempo para probar que su fe no puede ser sacudida."*

Fue entonces cuando Job lo perdió todo: sus animales, sus siervos y sus hijos. Asombrosamente, una cosa se mantuvo firme, su fe en Dios.

CONFIANZA TOTAL

No sé cómo responderías a esas trágicas circunstancias, pero Job cayó al suelo y adoraba a Jehová. Aquí están sus palabras: *"Desnudo salí del vientre de mi madre, y desnudo volveré alla. Jehová me lo dio, y Jehová me lo quito; sea bendito el nombre de Jehová"* (versículo 21).

La esposa de Job trató de incitarlo a *"maldice a Dios y muérete"* (Job 2:9), pero no estaba a punto de escuchar su consejo.

Algunos de los amigos de Job trataron de consolarlo, pero antes de poco empezaron a culparlo por sus propios problemas, incluso sugiriendo que debe haber pecado terriblemente para que todas estas dificultades caigan sobre él. Estoy seguro de que has encontrado gente así.

A pesar del trato que Satanás hizo pasar a Job, se aferró a su fe. Job creía que Dios era más poderoso que sus circunstancias. Desde lo más profundo de su alma declaró: *"He aquí, aunque Él me mate, en Él esperare"* (Job 13:15).

UNA DOBLE PORCIÓN

Me encanta el final de esta extraordinaria historia. Dios recompensó a Job por su fidelidad en todas las dificultades y sufrimientos que había soportado. Registros de las Escrituras: *"Jehová restauró las pérdidas de Job... [y] aumento al doble todos los anteriores bienes de Job"* (Job 42:10). En lugar de 7,000 ovejas, ahora tenía 14,000. En lugar de 500 yugos de bueyes, ahora tenía 1,000.

Jehová también honró el deseo de Job de tener una familia, dándole siete hijos y tres hijas. Se nos dice: *"Después de esto, vivió Job ciento cuarenta años, y vio a sus hijos y a los hijos de sus hijos, hasta la cuarta generación. Y murió Job, en la ancianidad y llenos de días"* (versículos 16-17).

¡Amigo, no sé qué pruebas puedes enfrentar o cómo el enemigo te está probando, pero quiero animarte a que aguantes!

JEHOVÁ TIENE
BENDICIONES INCREÍBLES
EN RESERVA PARA LOS QUE
RESISTEN HASTA EL FIN.
DIOS TE RECOMPENSARÁ
ABUNDANTEMENTE.

El apóstol Pablo lo afirma mejor: *"Pues considero que las aflicciones del tiempo presente no son comparables con la gloria venidera que ha de manifestarse en nosotros"* (Romanos 8:18).

¡Alabado sea Su nombre!

capítulo 16

La Presencia de Dios y Poder en
ISAÍAS

En el año en que murió el rey Uzías, un hombre llamado Isaías tuvo una visión poderosa. Así es como describió lo que Dios le reveló: *"Vi yo al Señor sentado sobre un trono alto y sublime, y la orla de su manto llenaba el templo. Por encima de él había serafines; cada uno tenía seis alas; con dos cubrían sus rostros, con dos cubrían sus pies, y con dos volaban. ¡Y el uno al otro daba voces, diciendo: Santa, santo, santo es Jehová de los ejércitos; toda la tierra está llena de su gloria!"* (Isaías 6:1-3). Además, los postes de la puerta fueron sacudidos por la voz de Aquel que gritó, y la casa se llenó de humo.

Este encuentro inquietó a Isaías, quien respondió: *"¡Ay de mí!, que estoy muerto; porque siendo hombre inmundo de labios, y habitando en medio de un pueblo de labios inmundos, han visto mis ojos al Rey, Jehová de los ejércitos"* (versículo 5).

En ese momento, uno de los serafines voló a Isaías, teniendo en su mano un carbón vivo que había tomado con pinzas del altar. Tocó la boca de Isaías con ella y dijo: *"He aquí que tocó tus labios, y es quitada tu culpa, y expiado tu pecado"* (versículo 7).

Isaías era un hombre nuevo, perdonado por Dios.

Pero la pregunta que enfrentaba Israel se refería a encontrar un reemplazo para el rey Uzías. Había gobernado el reino de Judá durante 52 años y era considerado uno de los buenos monarcas.

Isaías oyó la voz de Jehová diciendo: *"¿A quién enviaré, y quién irá de nuestra parte?"* (versículo 8).

Esa pregunta golpeó el corazón de Isaías como una flecha. Debido a que Dios había hecho tal obra en su vida, estaba listo para hacer lo que Jehová le pidiera. Entonces, Isaías respondió: *"¡Aquí estoy, envíame a mí!"*

Isaías se convirtió en uno de los profetas anunciados del Antiguo Testamento. Esto dio lugar a que el profeta fuera guiado por Dios a producir escritos ungidos que todavía impactaban al mundo de hoy.

UNA PALABRA PODEROSA Y PROFÉTICA

La presencia de Jehová era tan evidente en Isaías que Dios le confió profetizar concerniente a Jesucristo que vino a la tierra y murió en la cruz por los pecados del hombre.

En el notable libro que lleva su nombre, Isaías escribió:

Concebirá de una virgen
(Isaías 7:14; Lucas 1:26-31).

Tendrá un ministerio Galileo
(Isaías 9:1-2; Mateo 4:13-16).

Será un heredero al trono de David
(Isaías 40:3-5; Lucas 1:32-33).

Será escupido y golpeado
(Isaías 50:6; Mateo 26:67).

Será desfigurado por el sufrimiento
(Isaías 53:14; Marcos 15:15-19).

Hará una expiación de la sangre
(Isaías 53:5; 1 Pedro 1:2).

Será nuestro sustituto
(Isaías 53:6, 8; Romanos 5:6).

Sanará a los quebrantados de corazón
(Isaías 61:1-2; Lucas 4:18-19).

Será enterrado en la tumba de un hombre rico
(Isaías 53:9; Mateo 27:57-60).

Juzgará al mundo con justicia
(Isaías 11:4-5; Juan 5:27).

Rezo para que dejes que las palabras de Isaías penetren y hablen a tu alma. Jehová espera pacientemente para decir: *"Porque yo derramare aguas sobre el sequedal, y ríos sobre la tierra árida; der-ramare mi Espíritu sobre tu descendencia, y mi ben-dición sobre cuanto nazca de ti"* (Isaías 44:3).

Si están agobiados y necesitan un toque espe-cial del Señor, reclame esta promesa: *"Su carga será quitada de su hombro, y su yugo de su cuello, y el yugo será destruido a causa de la unción"* (Isaías 10:27).

HAZTE UN GRAN FAVOR
AL RECORDAR
LA VIDA DE ISAÍAS:
CUANDO EL SEÑOR LLAMA
TU NOMBRE, RESPUESTA,
"AQUÍ ESTOY. ¡ENVÍAME!"

Tu vida se enriquecerá para siempre al buscar la asignación y la unción únicas del Cielo.

capítulo 17

La Presencia de Dios y Poder en
JEREMÍAS

Si no creen que Dios nos conoce de principio a fin, miren bien la vida del profeta Jeremías.

Cuando aún era joven, el Todopoderoso le habló directamente, diciendo: *"Antes que te formase en el vientre te conocí, y antes que nacieses te santifiqué, te di por profeta a las naciones"* (Jeremías 1:5).

¿Cómo respondió? *"¡Ah! ¡ah, Señor Jehová! He aquí, no se hablar, porque soy un muchacho"* (versículo 6).

Su inmadurez no hizo ninguna diferencia para su Creador. Como Jeremías le dice: *"Y me dijo Jehová: No digas: "Soy un muchacho; porque a todo lo que te envié irás, y dirás todo lo que te mandé. No tengas miedo de ellos, porque estoy contigo para librarte, dice Jehová"* (versículos 7-8).

Fue durante el ministerio de Jeremías que el desaparecido Libro de la Ley fue descubierto escondido en el templo de Jerusalén (2 Reyes 22:3-8). Este profeta dedicó su vida a proclamar las palabras que se encuentran en este Libro.

El Señor le dijo específicamente: *"Oíd las palabras de este pacto, y hablad a todo varón de Judá, y a todo morador de Jerusalén. Y diles: Así dice Jehová el Dios de Israel: Maldito el varón que no escuche las palabras de este pacto, el cual mandé a vuestros padres el día que los saqué de la tierra de Egipto"* (Jeremías 11:2-4).

También se aseguró de que la Pascua, una fiesta de Dios que había sido olvidada durante mucho tiempo, fuera observada por Israel una vez más (2 Reyes 23:22-23).

Jeremías predicaba a una nación que no sólo se había desviado... estaban practicando rituales que eran una abominación. Dios estaba enojado porque habían construido altares *"para quemar al fuego a sus hijos y a sus hijas, cosa que yo no les mandé, ni me vino al pensamiento"* (Jeremías 7:31). Además, el pueblo ya no respetaba el día de Reposo (Jeremías 17:21-24).

El gobernador principal se enteró de lo que Jeremías profetizaba "y lo puso en el cepo" (Jeremías 20:2).

El profeta estaba consternado, gimiendo: *"Cada día he sido escarnecido, cada cual se burla de mí"* (versículo 7).

Pensó en las dificultades y contempló renunciar. Puede que se haya sentido tentado a no volver a mencionar públicamente el nombre de Jehová, pero sabía que no podía darle la espalda a su destino. Como escribe Jeremías: *"Entonces hay en mí corazón como un fuego ardiente metido en mis huesos, me fatigo en tratar de contenerlo, pero no puedo"* (versículo 9).

Jeremías fue testigo ocular del asedio a Jerusalén. Jehová le reveló: *"De cierto será entregada esta ciudad en manos del ejército del rey de Babilonia, y la tomará"* (Jeremías 38:3).

EL REY QUE VIENE

Al igual que Isaías, Jeremías profetizó de Jesús: *"He aquí que vienen días, dice Jehová: "en que levantaré a David un renuevo justo, y reinará como Rey, el cual obrará con prudencia, y hará juicio y justicia en la tierra. En sus días será salvo Juda, e Israel habitara confiado; y este será su nombre con el cual le llamaran: Jehová es Nuestra Justicia"* (Jeremías 23:5-6).

Ruego que estén abiertos y dispuestos a dejar que Dios les hable por medio de los profetas. Lo que el Señor dijo hace muchos siglos sigue siendo relevante hoy en día: *"Porque yo sé los pensamientos que tengo acerca de vosotros, dice Jehová, pensamientos de paz, y no de desgracia, para daros un porvenir y una esperanza"* (Jeremías 29:11).

Disfruta de sus promesas y su gloriosa presencia.

capítulo 18

La Presencia de Dios y Poder en
EZEQUIEL

Si alguna vez hubo un hombre elegido por Dios para proclamar la Palabra de Jehová a los hijos de Israel, fue Ezequiel. Era a la vez un profeta y un sacerdote.

Cuando los Babilonios capturaron Jerusalén, Ezequiel se exilió con los Israelitas como lo decretaron el Rey Nabucodonosor. Fue en Babilonia donde se convirtió en profeta.

El nombre Ezequiel significa *"Fortalecido por Dios."* Esto era apropiado teniendo en cuenta que el llamamiento y el propósito que Jehová tenía para él requerían una fuerza y un valor extraordinarios.

He conocido a algunos creyentes que tienen dificultades para leer el libro de Ezequiel. Se preguntan: *"¿Qué es todo esto de 'ruedas en medio de ruedas' y huesos secos que vienen a la vida?"* Pero espera. Si te saltas a Ezequiel, te estás perdiendo uno de los libros más espirituales del Antiguo Testamento.

Aquí está la comisión de Dios a Ezequiel: *"Y tú, hijo de hombre, no les temas, ni tengas miedo de sus palabras, aunque te hallas entre zarzas y espinos, y moras con escorpiones; no tengas miedo de sus palabras, ni temas delante de ellos, porque son casa rebelde. Les hablarás, pues, mis palabras, escuchen o dejen de escuchar; porque son muy rebeldes. Mas tú, hijo de hombre, oye lo que yo te hablo; no seas rebelde como esa casa rebelde; abre la boca, y come lo que te doy"* (Ezequiel 2:6-8).

EL ATALAYA

Al comienzo de su ministerio, predicó juicio sobre la nación de Judá. Después de la destrucción de Jerusalén, vio al menos un pequeño rayo de esperanza para el futuro.

Jehová le dijo a Ezequiel: *"Te he puesto por atalaya a la casa de Israel; cuando oigas la palabra de mi boca, los amonestaras de mi parte. Cuando yo diga al malvado: Oh malvado de cierto morirás, si tú no hablas para apercibir al malvado de su mal camino, el malvado morirá por su pecado, pero su sangre yo la demandaré de tu mano"* (Ezequiel 33:7-8).

Sin duda, Ezequiel es más conocido por su visión del valle de los huesos secos (Ezequiel 37).

Dios transportó a Ezequiel a un lugar desolado y le pidió que hablara a los huesos – narrando a ellos que Jehová le traería a la vida justo como el Creador respiró la vida en Adán.

En total obediencia Ezequiel predicó el mensaje, y los huesos no sólo se unieron, sino que la carne los cubrió, y cuando entró el aliento, se levantaron para formar un enorme ejército.

Esto es paralelo a la casa de Israel en cautiverio, un estado de muerte viviente sin esperanza. Pero los huesos secos que revivían significaban el plan del Señor para la futura restauración del pueblo escogido de Dios. Algunos estudiosos de la biblia creen que lo que describió sucederá durante el reinado milenario de Cristo en la tierra.

LIBRE POR FIN

La última parte del libro de Ezequiel describe la visión que Dios le dio de un Israel restaurado después del exilio. Jehová le dijo: *"Cuando yo los haya traído de entre los pueblos, y los haya recogido de la tierra de sus enemigos, y sea santificado en ellos antes los ojos de muchas naciones. Y sabrán que yo soy Jehová su Dios, cuando, después de haberlos llevado al cautiverio entre las naciones, los reúna sobre su tierra, sin dejar allí a ninguno de ellos. Y no esconderé más de ellos mi rostro; porque habré derramado de mi Espíritu sobre la casa de Israel, dice el Señor Jehová"* (Ezequiel 39:27-29).

SI HAY UN MENSAJE
QUE PODEMOS OBTENER
DE EZEQUIEL,
ES QUE NO DEBEMOS
ESTAR AVERGONZADOS
PARA DECIR LA VERDAD
DEL EVANGELIO
A CADA PERSONA
QUE ENCONTRAMOS —
AL DÉBIL,
AL FUERTE,
AL HUMILDE,
AL ALTO Y FUERTE.

¿Le pedirás a Jehová una *unción de Ezequiel*
sobre tu vida?

capítulo 19

La Presencia de Dios y Poder en
DANIEL

Sin duda, los Babilonios eran clientes duros. No sólo el ejército de Nabucodonosor asedió Jerusalén y saqueó el templo construido por Salomón. En su camino de regreso a Babilonia, tomaron muchos prisioneros. Entre ellos estaba un adolescente llamado Daniel.

En este país extranjero, Daniel fue elegido personalmente para ser entrenado y preparado para el servicio en el palacio del Rey. Durante este tiempo, Daniel fue un destacado. Lo que lo distinguió fue su devoción a Dios y su infalible observancia de la ley de Mosaico. Como consiguiente, él ganó la confianza y el respeto de aquellos sobre él.

Luego vino una prueba importante. ¡Le pidió que interpretara el significado de un sueño que tuvo Nabucodonosor, sin siquiera que se le dijera de qué se trataba el sueño!

DANIEL PASÓ EL EXAMEN CON MUCHO ÉXITO.

Como está escrito, el rey *"cayó sobre su rostro y se postró ante Daniel, y mandó que le ofreciesen presentes e incienso. El rey tomó la palabra, y dijo a Daniel: Ciertamente vuestro Dios es el Dios de los dioses, y el Señor de los reyes, y el que revela los misterios, pues pudiste revelar este misterio"* (Daniel 2:46-47).

Debido a su sabiduría y habilidades, el rey promovió a Daniel, lo colmó de muchos dones y lo hizo gobernante de toda la provincia de Babilonia, así como administrador principal de todos los sabios de Babilonia.

Daniel ocupó esta codiciada posición durante varios años, pero cuando un nuevo rey, Darío, se levantó de las filas, las cosas fueron dramáticamente diferentes. Los hombres de Darío querían deshacerse de Daniel, así que trazaron una trampa. Sabiendo que Daniel oró al Dios de Israel, los consejeros del rey emitieron un decreto: *"Quien pida a cualquier dios o hombre durante treinta días, excepto usted, oh rey, será arrojado a la guarida de los leones."* Darius firmó la orden.

Daniel sabía del decreto, pero en casa, *"entró en su casa, y abiertas las ventanas de su cámara que daban hacia Jerusalén, se arrodillaba tres veces al día, y oraba y daba gracias delante de su Dios, como lo solía hacer antes"* (Daniel 6:10).

Daniel fue visto finalmente rompiendo la nueva ley, entonces él fue lanzado en la guarida del león. Aquellos que lo obligaron a entrar en la temida guarida no tomaron en cuenta una realidad clave. Dios también estaba con él. No sólo Jehová cerró la boca de los leones, sino que cuando el rey Darío lo liberó, emitió un nuevo decreto: *"En todos los dominios de mi reino todos teman y tiemblen ante la presencia del Dios de Daniel"* (versículo 26).

LA REVELACIÓN

Los primeros días de Daniel prepararon el escenario para lo que estaba por venir. La presencia de Dios fue tan tangible en su vida que Jehová le reveló muchas cosas concernientes al fin del tiempo. Lo que escribió hace miles de años dice como si pudiera pertenecer al Nuevo Testamento: *"Y será tiempo de angustia, cual nunca lo hubo hasta entonces, desde que existen las naciones; pero en aquel tiempo serán salvados todos lo que de tu pueblo se hallen escritos en el libro. Y muchos de los que duermen en el polvo de la tierra serán despertados, unos para vida eterna y otros para vergüenza y confusión perpetua"* (Daniel 12:1-2).

La razón por la que Dios lo bendijo con tal favor fue debido a su integridad. Tenía el respeto de los poderosos gobernantes a los que servía, pero nunca comprometió su fe ni su plena confianza en el Todopoderoso.

No es difícil de descifrar. El secreto de Daniel también puede ser tuyo: Si quieres vivir en la presencia de Jehová, la obediencia a Dios siempre debe prevalecer sobre la obediencia al hombre.

capítulo 20

La Presencia de Dios y Poder en
SOFONÍAS

El tataranieto de Ezequías fue llamado Sofonías. Sofonías lideró una revolución espiritual para acabar con la adoración de ídolos de Israel. Se convirtió en un hombre de Dios con la autoridad de estar ante el pueblo y proclamar el juicio a una nación que se había extraviado: al mismo tiempo, llevaba un mensaje de esperanza para aquellos que se arrepentirían.

Sofonías vio la grandeza de Dios, y transformó su vida. También comprendió que Jehová odiaba un espíritu de arrogancia, y que el pueblo necesitaba reconocer sus propias deficiencias. Nos dice: *"Buscad a Jehová, a todos los humildes de la tierra, los que pusisteis por obra sus ordenanzas; buscad la justicia, buscad la mansedumbre; quizá quedareis resguardados en el día del enojo de Jehová"* (Sofonias 2:3).

Hoy en día, hay personas que hacen una burla flagrante de la adoración cuando viven en pecado abierto. El domingo asisten a la iglesia con una cara falsa, con aspecto piadoso. Su comportamiento el resto de la semana, sin embargo, cuenta la historia real. Sofonías nos permite saber cuán en serio se toma Jehová nuestra vida y nuestra relación con Él.

¡QUÉ DÍA!

El texto de Sofonías menciona *"el día de Jehová"* más que cualquier otro libro del Antiguo Testamento. Se refiere tanto a la caída de Judá en Babilonia como a los juicios eventuales y la restauración de todas las cosas. *"Cercano está el día grande de Jehová"* (1:14). Dios le dijo: *"Y atribularé a los hombres, y andarán como ciegos, porque pecaron contra Jehová"* (versículo 17).

"El día del Señor" dirige nuestra atención a los acontecimientos de temblor de tierra que se desarrollarán antes del regreso de Cristo. El profeta escribe que será *"Día de ira aquel día, día de angustia y de aprieto, día de devastación y de asolamiento, día de tiniebla y de oscuridad"* (Sofonías 1:15).

Como el apóstol Pablo escribe mucho más tarde: *"Porque vosotros mismos sabéis perfectamente que el día del Señor vendrá del mismo modo que ladrón en la noche"* (1 Tesalonicenses 5:2).

Sofonías señala los cambios asombrosos que tendrán lugar en la segunda venida de Cristo. Lo que habla bajo la guía del Espíritu se hace eco siglos más tarde por Pedro cuando oró para que Dios *"y el envié a Jesucristo, designado de antemano para vosotros; a quien el cielo debe guardar hasta los tiempos de la restauración de todas las cosas, de los que hablo Dios por boca de sus santos profetas que hubo desde la antigüedad"* (Hechos 3:20-21).

Sólo Jesucristo tiene el poder y la autoridad para iniciar y completar el proceso de restauración del mundo. Los hombres y mujeres que buscan a Dios y confiar en Él se convertirá en parte del remanente que serán ejemplos de justicia para toda la humanidad. Como escribe el profeta: *"El remanente de Israel no hará injusticia ni dirá mentira, ni se hallará en la boca de ellos lengua engañosa; porque serán apacentados, y dormirán, y no habrá quien los atemorice"* (Sofonías 3:13).

LIBERACIÓN DEFINITIVA

Aquellos que leen las palabras de Sofonías pueden pensar que son demasiado duras, demasiado implacables; sin embargo, los castigos descritos no tendrían que ocurrir si la gente respondiera al mandato de Dios.

UNA ORACIÓN
PARA ARREPENTIMIENTO
ES LA LLAVE
A LA LIBERACIÓN.

Afortunadamente, no todo está perdido. La ira

derramada resulta en la bendición de la presencia de Dios entre todos los creyentes. Profetizó: *"Jehová está en medio de ti, como poderoso salvador; se gozará sobre ti con alegría, callará de amor, se regocijará sobre ti con canticos"* (Sofonías 3:17).

El mensaje de Sofonías incluye la liberación definitiva. Habla del día en que Dios dice: *"Devolveré yo a los pueblos pureza de labios, para que todos invoquen el nombre de Jehová, para que le sirvan de común consentimiento"* (Sofonías 3:9).

Si este profeta pusiera su vida bajo un microscopio, ¿qué vería? ¿Dónde estás? ¿Escaparás de la ira de Dios? ¿Estás listo y esperando "el día de Jehová"? Para aquellos con humildad y hambre de la presencia de Dios, una oración de arrepentimiento sentida es a menudo la puerta de entrada a la liberación.

capítulo 21

La Presencia de Dios y Poder en
MARÍA

Cuando Roma gobernó Israel, había una pequeña ciudad común llamada Nazaret, situada a unas 65 millas al norte de Jerusalén. No pasó mucho de lo normal. De hecho, un hombre llamado Nathaniel preguntó: *"¿Puede salir algo bueno de Nazaret?"* (Juan 1:46).

La respuesta es un rotundo *"¡Sí!"* Del vientre de una mujer que vivió allí, María, nació el hombre más grande de la historia.

El nacimiento de Cristo fue ciertamente milagroso. Dios envió al ángel Gabriel a María, una virgen comprometida con un carpintero en Nazaret llamado José.

Lo que el ángel le dijo fue una sorpresa total:

"¡Salve, muy favorecida! El Señor está contigo. [Bendita tu entre las mujeres.] (Lucas 1:28).

¡Qué saludo tan extraño! Entonces Gabriel continuó: *"Deja de temer, María, porque has hallado gracia ante Dios. Mira, concebirás en tu seno y darás a luz un hijo, y llamaras su nombre Jesús. Este será grande y será llamado Hijo del Altísimo. El Señor Dios le dará el trono de su padre David, y reinará sobre la casa de Jacob para siempre; y su reino no tendrá fin"* (versículos 30-33).

María se preguntó cómo podría ser esto ya que nunca había tenido intimidad con José. Fue entonces cuando el ángel le aseguró: *"El Espíritu Santo vendrá sobre ti, y el poder del Altísimo te cubrirá; con su sombra; por lo cual también lo santo que va a nacer será llamado Hijo de Dios"* (versículo 35).

María estaba llegando al final de su embarazo cuando César Augusto emitió un decreto para un censo, y aquellos con un linaje de David tuvieron que registrarse en Belén. Mientras se refugiaba en un humilde pesebre allí, Jesús nació.

¡Todo el Cielo y la Tierra se regocijaron! *"De repente, apareció junto al ángel una multitud del ejercito celestial que alababa a Dios y decía: 'Gloria a Dios en lo más alto; y sobre la tierra paz; ¡buena voluntad para con los hombres!"* (Lucas 2:13-14).

Durante 30 años, María "madre" Jesús en Nazaret, y José le enseñó habilidades de carpintería. Leen las Escrituras a su Hijo y se dedicó en el templo, pero María no podía encogerse de hombros de lo que el ángel le había dicho y de los muchos milagros que rodearon Su nacimiento: la estrella, los pastores, los sabios y mucho más.

Cuando Jesús tenía sólo doce años, la familia viajó a Jerusalén para la fiesta de la Pascua. Allí se alejó de Sus padres y comenzó a hablar con los sacerdotes del templo. Cuando María y José lo encontraron, preguntó: *"¿Cómo es que me buscabais? ¿No sabías que yo debo estar en los asuntos de mi Padre?"* (versículo 49).

Justo antes de que Jesús comenzara Su ministerio público, a la edad de 30 años, Él y María fueron invitados a una boda en Caná. Cuando los anfitriones se quedaron sin vino, Jesús realizó Su primer milagro. ¡María observó con asombro como el agua se convirtió en vino!

También estaba parada al pie de la cruz cuando el Hijo que ella dio a luz fue brutalmente crucificado. Jesús miró a María y dijo: *"¡Mujer, he aquí a tu hijo!"* (Juan 19:26). Entonces volvió Sus ojos hacia el Apóstol Juan, que estaba de pie junto a ella: *"¡He aquí a tu madre!"* (versículo 27). Desde ese día en adelante, el discípulo llevó a María a su propia casa y la cuidó.

La madre de Jesús, María, no debe ser elevada y adorada, sino amada y honrada por su disposición a ser un recipiente del Espíritu Santo y utilizada por Dios para traer a Su Hijo a la Tierra.

Su vida de producción nos recuerda que estamos llamados a ser vasos dispuestos del Espíritu Santo, utilizados por Dios para llevar y liberar a Su Hijo.

capítulo 22

La Presencia de Dios y Poder en
JUAN

Qué hombre tan interesante. En el desierto comió langostas y miel. Enormes multitudes lo siguieron, pero restó importancia a su propia importancia. Fue consistente al revelar que su asignación era hacerles saber acerca del Mesías venidero.

Juan el Bautista tuvo un nacimiento tan inusual que está registrado en las Escrituras. Sus padres, Zacarías e Elisabet, no tenían hijos. La Escritura nos dice: *"Elisabet era estéril, y ambos eran de edad avanzada"* (Lucas 1:7).

Un día, cuando Zacarías adoraba en el templo, se sorprendió por la aparición de un ángel. El ángel le dijo que su esposa tendría un hijo para llamarse Juan, y que *"... será lleno del Espíritu Santo aun desde el vientre de su madre; y a muchos de los hijos de Israel les hará volver al Señor su Dios"* (versículos 15-16).

Uno de los aspectos más fascinantes de la historia es que Elisabet y María, la madre de Jesús, estaban relacionadas. Un día María vino a visitar a Elisabet embarazada, y *"en cuanto Elisabet oyó el saludo de María, saltó la criatura en su vientre; y Elisabet fue llena del Espíritu Santo"* (versículo 41). Jesús nació unos seis meses después de Juan.

El nacimiento de Juan fue un milagro. No hay duda de que fue colocado en la tierra para un propósito divino. Su misión era predicar el arrepentimiento, bautizar a las personas en el agua y preparar a las personas para la venida de Jesús.

No era tu típico evangelista, ya que *"tenía el vestido hecho de pelos de camello, y un cinto de cuero alrededor de sus lomos"* (Mateo 3:4). Con voz fuerte, se dedicó a predicar: *"¡Arrepentíos, porque el reino de los cielos se ha acercado!"* (versículo 2).

Su papel en el Reino fue profetizado por Isaías cuando escribió sobre, *"Voz que clama: En el desierto, preparad el camino a Jehová"* (Isaías 40:3).

Juan viajó por caminos polvorientos, diciendo a todos los que escucharían: *"…El que viene detrás de mí, cuyo calzado yo no soy digno de llevar, es más poderoso que yo"* (Mateo 3:11). Por cierto, el trabajo de llevar sandalias era tarea del esclavo más humilde.

Cuando era el momento de que Jesús comenzara Su ministerio público, buscó a Juan para bautizarlo en el río Jordán. Cuando el Espíritu Santo descendió a Jehová en forma de paloma, le confirmó a Juan que éste era, de hecho, el Hijo de Dios (Mateo 3:15-17).

UN FINAL TRÁGICO

Este precursor de Cristo era áspero alrededor de los bordes y no tenía reparos llamando al pecado, el pecado. Cuando criticó al rey Herodes por casarse con la esposa de su hermano, fue encarcelado (Marcos 6:17-18).

Mientras Juan estaba tras las rejas, Herodes organizó una fiesta salvaje. Las cosas se salieron rápidamente de control cuando la hija de su esposa bailó. Le encantaba su actuación tanto que le dijo: *"Te daré lo que desees."*

Ella respondió: *"Dame aquí en un plato la cabeza de Juan el Bautista"* (Mateo 14:8). Herodes se arrepintió inmediatamente de haber hecho tal oferta, pero un juramento es un juramento. Ordenó que mataran a Juan en la cárcel y *"Su traída su cabeza en un plato, y dada a la muchacha"* (versículo 11).

Los discípulos vinieron y se llevaron el cuerpo para el entierro y transmitieron la trágica noticia a Jehová.

El poderoso mensaje de arrepentimiento de Juan y la importancia del bautismo de agua siguen siendo un fundamento de la fe cristiana.

Jesús llamó a Juan "grande," pero luego continúa diciendo: *"pero el que sea menor en el reino de los cielos, es mayor que él"* (Mateo 11:11).

Toda persona sabia elegirá edificar su vida sobre esta enseñanza atemporal.

capítulo 23

La Presencia de Dios y Poder en JESÚS

Cuando leas los Evangelios, notarás rápidamente que cuando Cristo caminó por esta tierra entre los hombres demostró un poder que vino de reflejar a Su Padre Celestial. Jesús modeló una relación entre el Padre Celestial y el Hijo en la tierra.

Las propias palabras de Jesús cuentan la historia:

"Yo y el Padre somos uno" (Juan 17:21).

"No puede el Hijo hacer nada por su cuenta, sino lo que ve hacer al Padre; porque todo lo que él hace, también lo hace igualmente el Hijo" (Juan 5:19).

"Cuando hayáis levantado al Hijo del Hombre, entonces conoceréis que yo soy, y que nada hago por

mí mismo, sino que según me enseñó el Padre, así hablo" (Juan 8:28).

Antes de Su crucifixión, Jesús oró: *"Padre, si quieres, aparta de mi esta copa; pero no se haga mi voluntad, sino la tuya"* (Lucas 22:42).

Jesús fue un Hijo fiel y obediente hasta la muerte.

PODER DEL ESPÍRITU

Jesús caminó en el poder del Espíritu Santo en Su vida y ministerio.

Hechos 10:38 nos dice: *"Dios ungió a Jesús de Nazaret con el Espíritu Santo y con poder, como este paso haciendo el bien y sanando a todos los oprimidos por el diablo, porque Dios estaba con él."*

Después de Su resurrección, Jesús continuó demostrando sobre el poder del Espíritu Santo. Como está escrito: *"Fue recibido arriba, después de haber dado mandamientos por medio del Espíritu Santo a los apóstoles"* (Hechos 1:2).

Hoy, escuchen Su voz: *"El que cree en mí… de su interior correrán ríos de agua viva. Esto dijo del Espíritu que iban a recibir los que creyesen en él"* (Juan 7:38-39).

Es emocionante saber que Jesús prometió que podíamos recibir el mismo Espíritu de poder que lo resucitó de entre los muertos: *"Y si el Espíritu de aquel que levantó de los muertos a Jesús habita en vosotros, el que levantó de los muertos a Cristo Jesús vivificará también vuestros cuerpos mortales por medio de su Espíritu que habita en vosotros"* (Romanos 8:11).

JESÚS DEMOSTRÓ UNA VIDA DE ORACIÓN

Al principio del ministerio de Jesús leemos: *"El salió al monte a orar, y pasó la noche entera en oración a Dios"* (Lucas 6:12).

Cuando descendió de la montaña, una gran multitud de Judea, Jerusalén y otras zonas *"que habían venido a escucharle, y a ser sanados de sus enfermedades; y los que estaban atormenta-*

dos por espíritus inmundos" (versículos 17-18).

Fíjate en lo que sucede a continuación. La Biblia registra: *"Eran sanados. Y toda la gente trataba de tocarle, porque salía de Él un poder y los sanaba a todos"* (versículos 18-19).

Estos grandes milagros fueron precedidos por Jesús pasando la noche en oración, en la montaña, con Su Padre Celestial.

Puesto que no somos tan fuertes ni sabios como Cristo, nosotros también debemos ser más dependientes de nuestro Padre Celestial para proporcionar todo lo que necesitamos.

Esta confianza puede parecer un signo de debilidad, pero, en realidad, es de fortaleza. Se necesita mucho autocontrol para depender voluntariamente de los demás o de Dios Todopoderoso.

Qué lección tan perspicaz para ti y para mí.

capítulo 24

La Presencia de Dios y Poder en
MATEO

No hay nada como tener un asiento en primera fila para presenciar los eventos más profundos que la tierra haya visto. Sin embargo, Mateo fue uno de los pocos que tuvo el privilegio de estar con Jesús durante Su ministerio de tres años.

En la ciudad de Capernaum, Jesús *"vio a un hombre llamado Mateo, que estaba sentado en la oficina de los tributos públicos, y le dijo: Sígueme. Y se levantó y le siguió"* (Mateo 9:9).

El mismo encuentro está registrado en Lucas, pero allí usa su antiguo nombre, Leví. No se sabe si Jesús le dio el nombre de Mateo o si él mismo lo cambió, pero es una versión abreviada de Matías, que significa "regalo de Yahweh," o "el don de Dios."

En Lucas 5 encontramos que después de la llamada de Jehová, *"Y Leví le hizo un gran banquete en su casa, y había un gran número de cobradores de impuestos y de otros que estaban a la mesa con ellos. Pero los fariseos y los escribas que eran de su partido comenzaron a refunfuñar ante los discípulos de Jesús, diciendo: ¿Por qué coméis y bebéis con cobradores de impuestos y con pecadores?"* (versículos 29-30).

Jesús respondió: *"No necesitan médico los sanos, sino los que están mal. No he venido a llamar al arrepentimiento a justos, sino a pecadores"* (versículos 31-32).

Si usted hizo una encuesta de opinión en esos días, los recaudadores de impuestos calificarían cerca de la parte inferior. La gente hizo todo lo posible para evitarlos porque por lo general eran deshonestos. En muchos casos el trabajo no pagaba ningún salario, por lo que se esperaba que se ganaran la vida engañando a aquellos de quienes recaudaban impuestos.

Es interesante notar que, como Mateo provenía de un trasfondo financiero, usó más palabras para el dinero que cualquier otro escritor evangélico. De hecho, la parábola de los talentos sólo se encuentra en su libro.

SIN VOLVER ATRÁS

Desde el momento en que Mateo dijo "Sí" a la invitación de Jehová, no quiso mirar hacia atrás. En cambio, abandonó una vida de riquezas y seguridad para un futuro de penurias e incertidumbre. Se despidió de los placeres del mundo por la promesa de la vida eterna al servicio de Jesucristo.

¡Qué vida! Vio el poder y la presencia de Dios en acción y registró fielmente el ministerio milagroso de Jesús.

DOS CIEGOS CURADOS

Un día, dos ciegos siguieron a Jesús, gritándole: *"¡Ten compasión de nosotros, Hijo de David!"* (Mateo 9:27).

Jesus respondió: *"¿Creéis que puedo hacer esto?"* Ellos dijeron: *"Sí, Señor."*

Entonces les tocó los ojos, diciendo: *"'Conforme a vuestra fe os sea hecho. Y los ojos de ellos fueron abiertos"* (versículos 29-30).

HABLA UN HOMBRE MUDO

Trajeron a Jesús a un hombre que era mudo y poseía demonios. *"Y una vez echado fuera el demonio, el mudo habló; y las gentes se maravillaron, y decían; Nunca se ha visto cosa semejante en Israel."* (Mateo 9:33).

LA LIMPIEZA DE UN LEPROSO

Un leproso vino a Jesús, adorándolo, suplicando: *"Señor, si quieres puedes limpiarme"* (Mateo 8:2).

Jesús extendió Su mano y lo tocó, diciendo: *"Quiero; sé limpio"* (versículo 3).

¡Inmediatamente, su lepra desapareció y el hombre fue totalmente curado!

Mateo llegó muy lejos de sus días pasados como recaudador de impuestos. Se convirtió en un discípulo devoto de Jesucristo y el escritor del primer libro del Nuevo Testamento.

El Señor puede usar a cualquiera para ayudarlo a edificar el Reino.

NADIE DEBE SENTIRSE
DESCALIFICADO POR SU
ANTECEDENTE,
EDAD, APARIENCIA,
ERRORES DEL PASADOS
O CUALQUIER OTRO FACTOR.

Jesús sólo busca un corazón dispuesto y un compromiso sincero. Es el llamamiento más alto de la vida, y nada se puede comparar con ser un seguidor de Cristo.

¿Has respondido a la llamada?

capítulo 25

La Presencia de Dios y Poder en
MARCOS

Si quieres una visión trepidante y emocionante de la vida y la obra de Jesús, lee el increíble libro de Marcos. Comienza con el lanzamiento del ministerio de Jesús y termina con la resurrección y la ascensión, pintando un cuadro de Jesús como un Siervo de Dios que vino a la tierra para hacer la voluntad de Su Padre.

En lugar de escribir sobre genealogías judías y darnos informes de nacimiento, nos lleva a la acción y sigue moviéndose rápidamente hasta el final.

Además, Marcos hace que la Escritura viva con un lenguaje emocionante y descriptivo. Por ejemplo:

"Y se admiraban de su enseñanza" (Marcos 1:22).

"Todos quedaron atónitos de tal manera que discutían ente si" (versículo 27).

"Ellos se aterraron mucho, y se decían unos a otros ¿Pues quién es este, que hasta el viento y el mar le obedecen?" (Marcos 4:41).

Marcos podría escribir con entusiasmo sobre el poder de Dios por una razón convincente. ¡Había sido testigo de ese poder de primera mano!

UNA VIDA DE MINISTERIO

¿Quién era este hombre llamado Marcos? En la Escritura a menudo se le conoce como Juan Marcos. Por ejemplo, en el libro de Hechos, después de que Pedro fue liberado de la cárcel, leemos que *llego a casa de Maria la madre de Juan, el que tenía por sobre-nombre Marcos, donde muchos estaban reunidos orando"* (Hechos 12:12).

Más tarde, encontramos a Marcos mencionado como compañero de Bernabé y Pablo durante sus viajes juntos (Hechos 12:25). Juan Marcos también era primo de Bernabé (Colosenses 4:10).

Marco estaba lejos de ser perfecto. De hecho, abandonó a Pablo en el primer viaje misionero del apóstol cuando decidió regresar a casa (Hechos 13:13). Pero con el tiempo, creció en las cosas del Señor. Cuando Pedro escribía desde Roma, se refirió cariñosamente a Marcos como *"mi hijo"* (1 Pedro 5:13). Esto reveló la profundidad de la relación que se había construido con el tiempo.

Más tarde en la vida, Marcos ministraba con Pablo, quien lo llama *"mis colaboradores"* (Filemón 1:24).

Cuando la vida de Pablo estaba terminando hasta su conclusión, desde una prisión romana, envió una petición a Timoteo: *"Toma a Marcos y tráele contigo, porque me es útil para el ministerio"* (2 Timoteo 4:11).

Es obvio que Marcos había madurado a través de los años y era un ministro fiel de la Palabra de Dios.

TEMAS DE MARCOS

Cuatro grandes temas que se encuentran en el libro de Marcos:

1. La Cruz

"Si alguien quiere venir en pos de mi niéguese a sí mismo, tome su cruz, y sígame" (Marcos 8:34).

2. Discipulado

"Les dijo Jesús: Venid en pos de mí, y hare que seáis pescadores de hombres" (Marcos 1:17).

3. Las Enseñanzas de Jesús

"Salió el, y vio una gran multitud, y tuvo compasión de ellos, porque eran como ovejas que no tienen pastor; y comenzó a ensenarles muchas cosas" (Marcos 6:34).

4. El Hijo de Dios

"Y vino una voz de los cielos que decía: Tú eres mi Hijo amado; en ti tengo complacencia" (Marcos 1:11).

Espero haberte animado a leer todo el libro de Marcos. Creo que atraparán la pasión de Marcos y experimentarán la presencia de Jehová.

capítulo 26

La Presencia de Dios y Poder en
PEDRO

De todos los apóstoles de Cristo, ninguno era tan audaz o franco como Pedro. Nacido en el pueblo de Betsaida, él y su hermano, Andrés, se convirtieron en pescadores galileos.

Antes de ser llamado como discípulo, sin embargo, Pedro se avergonzaba de su pasado, admitiendo: *"¡Soy un hombre pecador, oh Señor!"* (Lucas 5:8). Sin embargo, Jesús le dijo que bajara las redes: *"Desde ahora serás pescador de hombres"* (versículo 10).

Sin vacilación, Pedro se alejó de su barco y dejó todo para seguir a Cristo.

En aquellos días, los pescadores eran ásperos y listos: descuidados, ásperos, bulliciosos, y a menudo usando lenguaje sucio. Santiago y Juan también eran pescadores; tal vez por eso Jesús les dio los nombres, *"Hijos del Trueno"* (Marcos 3:17).

Al leer los Evangelios, encontrarás a Pedro como portavoz frecuente de los demás discípulos. Fue el primero en llamar a Cristo el *"Hijo del Dios viviente"* (Juan 6:69).

Su nombre original era Simón, pero Jesús lo cambió a Pedro, lo que significa, petra, o "roca." El Señor vio la grandeza en este hombre, y declaró concerniente a él: *"En esta roca edificaré Mi iglesia; y las puertas de Hades no prevalecerán contra ella"* (Mateo 16:18).

Pedro vio la historia divina al hacer — Jesús resucita a una niña de entre los muertos (Mateo 9:23-26) y a Cristo caminando sobre el agua (Mateo 14:28-29).

Junto con Santiago y Juan, Pedro fue testigo de la presencia de la gloria de Dios en Cristo en el

Monte de la Transfiguración. De repente, el rostro de Jesús *"resplandeció como el sol, y sus vestiduras se volvieron blancas como la luz"* (Mateo 17:2).

¡Qué momento decisivo! En lugar de ver la humanidad de Jesús, vieron Su divinidad.

Entonces una voz habló desde la nube, diciendo: *"Éste es mi Hijo amado, en quien tengo complacencia; a él oíd. ¡Escúchalo!"* (versículo 5).

LA NEGACION DE UN DISCIPLULO

Antes del arresto y juicio de Cristo, Pedro le aseguró a Jesús: *"Mi vida pondré por ti"* (Juan 13:37). Pero el Señor conocía al impetuoso Pedro mejor de lo que se conocía a sí mismo, y respondió: *"No cantará el gallo, antes que me negado tres veces"* (versículo 38).

Esas palabras se hicieron realidad.

Más tarde esa noche, después de que Jesús fue detenido, Pedro estaba sentado afuera en un patio cuando una sirvienta comentó: *"Tú también estabas con Jesús el galileo"* (Mateo 26:69). Pedro lo negó, respondiendo: *"No sé lo que dices"* (versículo 70).

Sucedió de nuevo, cuando otra niña lo vio y dijo a los presentes: *"También este estaba con Jesús el nazareno"* (versículo 71). Una vez más, Pedro juró: *"No conozco a ese hombre"* (versículo 72).

Aquellos que se reunieron alrededor de Pedro insistieron: *"De seguro que tú también eres uno de ellos, porque hasta tu manera de hablar te descubre* (versículo 73). Por tercera vez, comenzó a maldecir y a jurar: *"No conozco a ese hombre"* (versículo 74).

En ese momento, un gallo cantó, y Pedro, recordando lo que Jesús había dicho, lloró amargamente.

Durante la crucifixión y más allá, Dios continuó hablando al corazón de Pedro. Fue este discípulo quien fue el primero en entrar en la tumba vacía (Juan 20:1-9). Y después de la resurrección, Jesús se apareció a Pedro antes de darse a conocer a los otros discípulos (Lucas 24:34).

Antes de que el Hijo de Dios ascendiera de

regreso al Cielo, restauró totalmente a Pedro al ministerio (Juan 20).

SUCEDIÓ EN PENTECOSTÉS

El mayor cambio en la vida de Pedro tuvo lugar en el Cenáculo el Día de Pentecostés. El y otras 120 personas recibieron lo que Jesús había prometido: el poder del Espíritu Santo.

¡Ahora, un hombre cambiado, el discípulo salió de esa habitación y proclamó a Cristo con tal unción y autoridad que sólo durante su primer sermón, 3,000 fueron salvados!

Mientras que más de cien vidas se transformaron cuando el Espíritu Santo bajó al Cenáculo, innumerables otras se alejaron. El mismo Espíritu Santo todavía está transformando vidas hoy en día.

NO TE PIERDAS LA OPORTUNIDAD
DE PRESIONAR EN CRISTO
PARA RECIBIR
TODO LO QUE TE ESPERA.

capítulo 27

La Presencia y el Poder de Dios en
SANTIAGO

En las orillas del mar de Galilea, después de llamar a Pedro y Andrés, Jesús vio a otros dos hermanos. Santiago y Juan estaban en el barco con su padre Zebedeo, reparando sus redes de pesca. Cuando Jesús les dio Su invitación divina, *"y ellos, dejando al instante la barca y a su padre, le siguieron"* (Mateo 4:22).

Es fácil confundirse ya que hay otros Santiagos en la iglesia primitiva, incluyendo el medio hermano de Jesús que escribió el libro de Santiago del Nuevo Testamento. Pero aquí estamos hablando de uno de los doce discípulos del Señor.

Pedro, Santiago y Juan fueron los tres que estaban en la montaña con el Señor cuando *"Moisés y Elías se les aparecieron, hablando con él [Jesús]"* (Mateo 17:3).

SANTIAGO FUE PRESENTE EN
ESTE MOMENTO SIN PARALELO
CUANDO LA VOZ DE DIOS
SE ENCUENTRA FUERA DE LAS NUBES,
CONFIRMANDO QUE JESUS
VERDADERAMENTE FUE SU HIJO
(versículo 5).

Los dos hermanos, Jacobo y Juan, llevaban sus emociones en las mangas. En una ciudad estaban tan molestos con hombres y mujeres que no aceptaban a Cristo como el Mesías que le preguntaron a Jesús: *"Señor, ¿quieres que mandemos que descienda fuego del cielo, como hizo también Elías, y los consuma?"* (Lucas 9:54).

Jesús tuvo que calmar a la pareja y recordarles: *"El Hijo del Hombre no ha venido para destruir las almas de los hombres, sino para salvarlas"* (versículo 56).

Santiago fue testigo de uno de los mayores milagros registrados en las Escrituras. Un día, mientras Jesús ministraba, un gobernante de la sinagoga llamado Jairo cayó a los pies del Señor y rogó: *"Mi hijita está a punto de morir; ven a poner las manos sobre ella para que se cure y viva"* (Marcos 5:23).

Unos minutos más tarde, alguien corrió a Jairo con la noticia de que su hija había muerto. Al oír esto, Jesús se dirigió inmediatamente a la casa del hombre. *"Y no permitió que nadie le acompañase, excepto Pedro, Santiago y Juan"* (versículo 37).

Jesús tendió la mano, tomó de la mano al niño de 12 años y mandó: *"Muchacha, a ti te digo, levántate"* (versículo 41). ¡El aliento fluyó en su cuerpo sin vida!

EL ESPÍRITU HABLÓ

En la hora más oscura de Jesús, ¿a quién llevó consigo mientras oraba en el Jardín de Getsemaní? Sólo Pedro, Santiago y Juan (Mateo 26:37).

En el Monte de los Olivos, Santiago escuchó

con sus propios oídos a Jesús hablando de las *"señales de los tiempos"* y el fin de la era (Marcos 13:3-4): guerras y rumores de guerras, naciones que se levantan contra naciones, terremotos y hambrunas.

Entonces Jesús le dijo a Santiago y a los demás, cuando predicaron estos peligros inminentes, que esperaran persecución: *"Y cuando os conduzcan para entregaros, no os preocupéis de antemano por lo que vais a hablar, sino hablad lo que se os comunique aquel momento; porque no sois vosotros los que estáis hablando, sin el Espíritu Santo"* (versículo 11).

Santiago estaba en el aposento alto, cuando el Espíritu Santo cayó en Pentecostés (Hechos 1:13). Fue entonces cuando recibió el poder de lo alto que lo catapultó a un ministerio expandido y dinámico.

UNA RECOMPENSA ETERNA

Esteban, que finalmente fue apedreado hasta la

muerte, fue el primer mártir cristiano, pero Santiago fue el primer apóstol en morir una muerte espantosa. Los seguidores de Cristo se multiplicaban a un ritmo tan rápido que los gobernantes romanos se sentían amenazados. La Biblia registra: *"el rey Herodes echó mano a algunos de la iglesia para maltratarles. Y mató a espada a Jacobo, hermano de Juan"* (Hechos 12:1-2).

CUANDO SANTIAGO DIJO ADIÓS A ESTA TIERRA, SU RECOMPENSA ETERNA LO ESTABA ESPERANDO.

El ejemplo de Santiago nos da mucha comida para el pensamiento y debería causarnos evaluar nuestra propia vida. ¿Estás dispuesto a seguir a Jesús hasta el fin como lo hizo Santiago sin importar lo que se te ocurra? ¡El poder y la presencia de Dios en el trabajo en nuestras vidas valen la pena este compromiso!

capítulo 28

La Presencia de Dios y Poder en
LUCAS

El Dr. Lucas es mencionado sólo tres veces en las Escrituras (Colosenses 4, 2 Timoteo 1 y Filemón 1), pero fuera de la vista, fue un poderoso testigo e influencia en la iglesia primitiva.

Por muchas razones, los eruditos bíblicos creen que Lucas no sólo escribió el Evangelio que lleva su nombre, sino también el libro de Hechos.

Como historiador, Lucas entra en detalles intrincados al contar la historia de Cristo como lo experimentan los relatos de testigos oculares.

Hay varios acontecimientos que aparecen sólo en su Evangelio, incluyendo el trasfondo del nacimiento de Juan el Bautista y el relato de los dos hombres que se encontraron con Jesús resucitado en el camino a Emaús. Sin duda, Lucas tiene la descripción más detallada del nacimiento de Jesús.

La ciudad natal de Lucas era Antioquía, que muchos eruditos creen que es la razón por la que parece estar en el centro de gran parte del libro de Hechos.

COMPASIÓN POR EL ENFERMO

Sabemos que Lucas era médico. Pablo, al escribir a los creyentes en Colosas, les saludó de *"Lucas el médico amado"* (Colosenses 4:14).

Tal vez fue debido a su formación médica que Lucas incluye las historias más curativas que se encuentran en cualquiera de los Evangelios. Esta distinción de su estilo de escritura también revela su compasión por los enfermos.

Obviamente, Lucas era un hombre humilde ya que nunca menciona que él es el autor de sus libros, ni se refiere a su profesión como médico, pero otros sí. Sin embargo, su interés por la medicina brilla. Es el único escritor evangélico que registra las declaraciones de Jesús concernientes a los médicos: *"Médico, cúrate a ti mismo"* (Lucas 4:23) y *"No necesitan médico los sanos, sino los que están mal"* (Lucas 5:31).

El principal objetivo y propósito de Lucas al escribir su Evangelio era presentar la verdad concerniente a Jesucristo y el plan de salvación. Con la guía del Espíritu Santo, logró ese propósito. Se centró en la "Buena Nueva," un término que aparece diez veces en Lucas y 12 veces en el libro de Hechos.

ES HORA DE LA ORACIÓN

Cuando estudias el libro de Lucas, no hay duda de que él creía en el poder de la oración.

Cuando Jesús fue bautizado: *"… mientras oraba, se abrió el cielo. Y descendió sobre él el Espíritu Santo en forma corporal, como una paloma"* (Lucas 3:21-22).

En la cruz, Cristo oró: *"Padre, perdónalos, porque no saben lo que hacen"* (Lucas 23:34).

Antes de elegir a los apóstoles: *"él salió al monte a orar, y paso la noche entera en oración a Dios"* (Lucas 6:12).

En la transfiguración, *"tomó a Pedro, a Juan y a Jacobo, y subió al monte a orar"* (Lucas 9:28).

Jesús enseñó la oración: *"Aconteció que estabas Jesús orando en un lugar, y cuando terminó, unos de sus discípulos le dijo: Señor, enséñanos a orar"* (Lucas 11:1).

Piensa por un momento en la vida de Lucas. Después de pasar años preparándose para ser médico y practicar la medicina, voluntariamente la abandonó para pasar los últimos años de su vida predicando y escribiendo sobre el Hijo de Dios, el Salvador del mundo.

No importa qué curso en la vida te hayas fijado, cuando el Señor tenga otros planes, ¡prepárate para cambiar de dirección! Su destino para tu vida promete ser más satisfactorio que cualquier otro camino.

capítulo 29

La Presencia de Dios y Poder en
ESTEBAN

Nos encontramos con Esteban por primera vez cuando la iglesia primitiva estaba creciendo a pasos agigantados. Sin embargo, había un problema entre los creyentes de habla griega y los creyentes de habla hebrea con respecto a la discriminación de las viudas durante la distribución de alimentos.

En una reunión de emergencia de los doce discípulos, decidieron que no debían abandonar su misión de predicar el Evangelio para cuidar de los pobres. Por lo tanto, pidieron a la iglesia que *"de entre vosotros a siete varones de buen testimonio, llenos del Espíritu Santo y de sabiduría, a quienes encarguemos de este trabajo. Y nosotros nos dedicare-*

mos asiduamente a la oración y al ministerio de la palabra" (Hechos 6:3-4).

Esteban fue uno de los seleccionados. La Biblia lo describe como *"varón lleno de fe y del Espíritu Santo"* (versículo 5).

El papel de Esteban incluía mucho más que cuidar de viudas de edad avanzada. Dios lo usó en lo milagroso: *"Esteban, lleno de gracia y de poder, hacia grandes prodigios y señales entre el pueblo"* (versículo 8).

Pero algunos individuos celosos trataron de derribar a Esteban, incluso sobornando a algunos hombres para que mintieran, diciendo: *"Lo oímos maldecir a Moisés."* Como resultado, los líderes religiosos agarraron a Esteban y lo llevaron ante el Consejo Superior, donde aún más cargos de blasfemia fueron lanzados en su contra. Sin embargo, la Escritura registra: *"Todos los que estaban sentados en el sanedrín, al fijar los ojos en él, vieron su rostro como el rostro de un ángel"* (versículo 15). ¡Ese era el resplandor del Espíritu Santo que brillaba a través de él!

El sumo sacerdote le preguntó a Esteban: *"¿Son verdaderas estas cosas que dicen de ti?"*

Lo que ocurrió a continuación en la sala de la corte tomó a todos por sorpresa. En lugar de tratar de refutar los cargos, Esteban aprovechó la oportunidad para presentar el Evangelio de Cristo a la gran multitud que se había reunido, comenzando por cómo Dios llamó a Abraham de la idolatría y terminando con el Padre enviando a Su Hijo a morir en la cruz por los pecados del hombre.

Antes de terminar su increíble discurso, Esteban miró a sus acusadores y audazmente cargado: *"¡Duros de cerviz, e incircuncisos de corazón y de oídos! Vosotros siempre resistís al Espíritu Santos; como vuestros padres, así también vosotros. ¿A cuál de los profetas no persiguieron vuestros padres? Y mataron a los que anunciaron de antemano la venida del Justo, de quien vosotros ahora habéis sido traidores y asesinos; vosotros que recibisteis la ley por disposición de ángeles, y no la guardasteis"* (Hechos 7:51-53).

En ese momento estalló un motín en toda regla. Pero Esteban, saturado del Espíritu Santo, apenas se dio cuenta. Miró hacia arriba y exclamó: *"He aquí, veo los cielos abiertos, y al Hijo del Hombre que está de pie a la diestra de Dios"* (versículo 56).

La voz de Esteban fue ahogada por la turba, que lo arrastró fuera de la ciudad y lo arrojó con piedras. Los cabecillas le pidieron a un joven llamado Saúl que los observara, sí, el mismo Saúl que era perseguidor de cristianos.

Al apedrear a Esteban, él estaba llamando a Dios, diciendo: *"Señor Jesús, recibe mi espíritu"* (versículo 59). Luego se arrodilló y oró lo suficientemente fuerte para que todos pudieran oír, exclamó: *"Señor, no les tomes en cuenta este pecado"* (versículo 60). Esas fueron sus últimas palabras en la tierra.

Esteban no sólo fue uno de los primeros diáconos de la Biblia, sino que también fue el primer mártir de la Iglesia. Su muerte fue eclipsada por su fidelidad, su devoción y su espíritu indulgente.

Tómate unos momentos para recordar con honor a aquellos que han derramado su sangre mientras toman una valiente posición por Dios y Su Reino.

capítulo 30

La Presencia de Dios y Poder en
FELIPE

Hay dos hombres llamados Felipe escritos en el Nuevo Testamento: Felipe apóstol y Felipe el Evangelista. Quiero concentrarme en el segundo.

Cuando los discípulos eligieron siete diáconos para servir en la iglesia, siendo Esteban uno de ellos, Felipe era miembro de ese grupo ungido.

Al igual que Esteban, estaba tan dotado del poder de Dios que fue a todas partes compartiendo el mensaje del Mesías.

En Samaria, hombres y mujeres se aferraron a cada palabra y vieron milagros en acción. Durante una reunión, *"muchos que tenían espíritus in-*

mundos, salían éstos dando grandes voces; y muchos paralíticos y cojos eran sanados" (Hechos 8:7). ¡Había alegría en esa ciudad!

Antes de que Felipe llegara a la ciudad, había un hombre que practicaba magia, deslumbrando a los ciudadanos que pensaban que tenía poderes sobrenaturales.

CUANDO FELIPE LLEGÓ PROCLAMANDO EL NOMBRE DE JESÚS, SE OLVIDARON SOBRE EL MAGO Y FUERON SALVADOS Y BAUTIZADOS. ¡INCLUSO EL MAGO QUERÍA SER BAUTIZADO!

No quiso dejar el lado de Felipe, *"viendo las señales y grandes milagros que se hacían, estaba atónito"* (versículo 13).

La emocionante noticia del impacto de Felipe en Samaria llegó a Jerusalén. Pedro y Juan se apresuraron a unirse a Felipe y a orar para que los conversos recibieran el don del Espíritu Santo. Hasta ese momento los creyentes sólo habían sido bautizados en el agua. Los apóstoles *"imponían las manos, y recibían el Espíritu Santo"* (versículo 17).

El mago, hechizado por lo que estaba sucediendo, sacó su dinero y preguntó: *"Dadme también a mi esta potestad, para que cualquiera a quien yo imponga las manos, reciba al Espíritu Santo"* (versículo 19).

Incensado, Pedro lo castigó severamente: *"¡Tu dinero vaya contigo a la perdición, porque has supuesto que el don de Dios se obtiene!"* (versículo 20).

Pedro le dijo al hombre que se arrepintiera. La Escritura continúa revelando que lo hizo.

ESCALANDO EN EL CARRO

Más tarde, un ángel del Señor habló a Felipe:

"Quiero que caminen hasta ese camino desolado que se extiende desde Jerusalén hasta Gaza." Obediente al ángel, comenzó el viaje.

En el camino conoció a un eunuco etíope que viajaba por el mismo camino. El eunuco había estado en una peregrinación a Jerusalén y regresaba a su país de origen, donde era un funcionario del gobierno a cargo de las finanzas de Candace, reina de los etíopes. Además de su alto rango, cabalgaba en un carro y leía las palabras del profeta Isaías.

El Espíritu de Dios habló a Felipe: *"Acércate y júntate a ese carro'. Cuando Felipe se acercó corriendo, le oyó que leía al profeta Isaías, y dijo: Pero ¿entiendes lo que lees?'"* (versículos 29-30).

Él dijo: *"¿Y cómo podré, si alguno no me guía? Y rogó a Felipe que subiese y se sentara con él. El pasaje de la Escritura que leía era este: Como oveja fue llevado al matadero; y como cordero sin voz delante del que lo trasquila, así no abrió su boca. En su humillación no se le hizo justicia; mas su generación ¿quién la describirá? Porque su vida es quitada de la tierra"* (versículos 32-33).

El eunuco tenía curiosidad y preguntó: *"¿De quién habla el profeta: él mismo o algún otro?"*

ESTA FUE LA OPORTUNIDAD
DE ORO DE FELIPE.
CON ESTAS ESCRITURAS
COMO SU TEXTO,
ÉL PREDICABA CON ENTUSIASMO A JESÚS,
PRESENTÁNDOLE AL ÚNICO
Y VERDADERO SALVADOR.

Mientras continuaban sus viajes, llegaron a una corriente de agua. Al verlo, el eunuco dijo: *"Aquí hay agua; ¿qué impide que yo sea bautizado?"* (versículo 36).

Felipe le dijo que si creía con todo su corazón, podía.

El hombre respondió: *"Creo que Jesucristo es el Hijo de Dios"* (versículo 37). ¡Así que Felipe lo bautizó justo en el acto!

Había un milagro más por delante. En el momento en que salieron del agua, el Espíritu de Dios de repente se llevó a Felipe (versículo 39). Esa fue la última vez que el eunuco lo vio, y el etíope siguió su camino regocijándose.

El evangelista apareció más tarde en el camino a Cesarea, donde continuó su ministerio con señales y maravillas.

¡Qué recipiente cedido y maravilloso testigo Felipe fue para Cristo!

¿Has cedido tu vida a Cristo como lo hizo Felipe? Una vida entregada a Jesús es una vida de aventura, con el poder y la presencia de Dios contigo en cada paso del camino.

capítulo 31

La Presencia de Dios y Poder en
PABLO

Un joven llamado Saúl estaba empeñado en crear estragos entre los seguidores de este hombre llamado Jesucristo. De hecho, tenía permiso de los líderes judíos para hacerlo. Se nos dice: *"respirando aun amenazas y muerte contra los del Señor, se presentó al sumo sacerdote, y le pidió cartas para las sinagogas de Damasco, a fin de que si hallaba algunos hombres o mujeres de este Camino, los trajese presos a Jerusalén"* (Hechos 9:1-2).

Al acercarse a las afueras de Damasco, de repente se quedó aturdido por un destello cegador de luz. Lo tiró al suelo y oyó una voz:

"Saúl, Saúl, ¿por qué me persigues?" (Hechos 9:4).

Saúl quería saber: *"¿Quién eres?"*

El Señor respondió: *"Yo soy Jesús, a quien tu persigues"* (versículo 5).

Asombrado y temblando, Saúl preguntó: *"Señor, ¿qué quieres que yo haga?"*

Jesús le dijo: *"Levántate y entra en la ciudad y se te dirá lo que debes hacer."*

Los que estaban con él estaban confundidos. Podían oír el sonido, pero no podían ver a nadie. Entonces, cuando Saúl se puso de pie, se encontró totalmente ciego. De repente incapaces de ver, sus amigos tuvieron que llevarlo a Damasco.

Había un seguidor de Jesús en la ciudad llamada Ananias. En una visión, Dios le instruyó dónde estaba Saúl y, al llegar a esa casa, Ananias le dijo: *"Saúl, el Señor Jesús, que se te apareció en el camino por donde venías me ha enviado para que recobres la vista y seas lleno del Espíritu Santo"* (versículo 17).

Inmediatamente, la vista de Saúl fue restaurada; se levantó y se bautizó.

EN UNA MISIÓN

Saúl no perdió el tiempo antes de comenzar a predicar el Evangelio en las sinagogas. Como judío devoto, conocía bien las Escrituras y proclamó al Mesías que había transformado su vida.

En aquellos días, no era raro que los hombres tuvieran nombres duales. La Biblia se refiere a *"Saúl, que también se llama Pablo, lleno del Espíritu Santo"* (Hechos 13:9). A partir de ese momento, la Escritura sólo lo llama Pablo.

Cuando la iglesia de Antioquía quiso enviar misioneros, eligieron a Pablo y Bernabé. A su vez, los dos hombres fueron a Chipre y Turquía, no sólo predicando a los judíos, sino también a los gentiles (Hechos 13).

Su segundo viaje fue con Silas, donde permanecieron en Corinto durante aproximadamente un año.

El tercero fue tres años de ministerio productivo en Efeso (Hechos 20). Esa misión terminó en Jerusalén, después de lo cual Pablo pasó la mayor parte de sus siguientes diez años en varias prisiones. ¡A pesar de estar confinado, nunca estuvo solo, porque el poder de Dios estaba con él!

Era como si Pablo conociera la agitación que enfrentó y cómo *"el Espíritu Santo por todas las ciudades me da testimonio solemne diciendo que me esperan cadenas y tribulaciones"* (Hechos 20:23).

Las persecuciones no parecían desmayarlo. Como escribió: *"Ninguna cosa hago caso, ni estimo preciosa mi vida para mí mismo, con tal que acabe mi carrera con gozo, y el ministerio que recibí del Señor Jesús, para dar solemne testimonio del evangelio de la gracia de Dios"* (versículo 24).

La vida de Paul se lee como una emocionante novela de ficción, pero eso no altera el hecho de que todo es cierto. Fue secuestrado (Hechos 21:27), golpeado (versículos 30-31), arrestado (versículo 33), acusado en demandas (versículo 34), amenazado (Hechos 22:22), ridiculizado (Hechos 26:24), náufragos (Hechos 27:41) y mordido por una víbora (Hechos 28:3).

UNA UNCIÓN PARA TODOS

El secreto del ministerio efectivo de Pablo era que aprendió y aceptó el propósito del sufrimiento para Cristo. Escribió que Dios *"nos consuela en todas nuestras tribulaciones, para que nosotros podamos consolar a los que están en cualquier tribulación"* (2 Corintios 1:4).

De los 27 libros del Nuevo Testamento, 13 se atribuyen a Pablo, incluidos los cuatro que escribió desde la cárcel... Efesios, Filipenses, Colosenses y Filemón.

El apóstol predicó que la unción de Dios era para todos los cristianos, no sólo para los pocos selectos que leemos en el Antiguo Testamento. A los creyentes de Corinto les escribió que es Dios *"nos consolida con vosotros en Cristo y el que nos ungió... [y] nos ha dado las arras del Espíritu en nuestros corazones"* (2 Corintios 1:21).

¡Esta increíble bendición se extiende a ti y a mí!

capítulo 32

La Presencia de Dios y Poder en
TIMOTEO

En el primer viaje misional de Pablo el apóstol, predicó en Listra (Hechos 14), la ciudad natal de un joven llamado Timoteo. Evidentemente, él era uno de los conversos, porque cuando Pablo regresó a Listra con Silas: *"Había allí cierto discípulo llamado Timoteo"* (Hechos 16:1).

Pablo ordenó a Timoteo en el ministerio y se refiere a él cuando escribe: *"No descuides el don que hay en ti, que te fue dado mediante profecía con la imposición de las manos del presbiterio"* (1 Timoteo 4:14). Obviamente, Pablo participó en la ordenación, ya que más tarde menciona: *"Te recuerdo que avives el fuego del don de Dios que está en ti por la imposición de mis manos"* (2 Timoteo 1:6).

Durante los años siguientes, Timoteo se convirtió en el compañero constante de Pablo y compañero de trabajo en el ministerio. Todavía era un hombre joven cuando se unió a Pablo, pero ya se había distinguido como un fiel seguidor de Cristo, lleno del Espíritu Santo, y un modelo a seguir para otros creyentes.

Timoteo sirvió como representante de Pablo en varias iglesias. Notificó a la congregación en Corinto: *"He enviado a Timoteo, que es mi amado y fiel hijo en el Señor, el cual os recordará mi proceder en Cristo, de la manera que enseño en todas partes y en todas las iglesias"* (1 Corintios 4:17). Y a los creyentes de Filipo: *"Confío en el Señor Jesús para enviaros pronto a Timoteo"* (Filipenses 2:19).

Sin embargo, Timoteo se convirtió en el pastor de Efeso por derecho propio (1 Timoteo 1:3).

Hay dos cartas en el Nuevo Testamento de Pablo que llevan el nombre de Timoteo. En una de las cartas de Pablo, le dijo a Timoteo: *"trayendo a la memoria la fe no fingida que hay en ti, la cual habitó primero en tu abuela Loida, y en tu madre Eunice y estoy seguro que en ti también"* (2 Timoteo 1:5).

Las palabras utilizadas por Pablo para aconsejar a Timoteo en sus epístolas tienen sabiduría etrna que todavía está disponible para cada uno de nosotros hoy en día:

Has aprendido la palabra de la fe - ahora pásela (1 Timoteo 4:6).

No dejes que nadie te derribe por tu juventud (versículo 12).

Corre duro y ayuna en la fe (1 Timoteo 6:11).

Guarda el tesoro espiritual que se te ha confiado (versículo 20).

Sólo puedes seguir adelante por el poder de Dios (2 Timoteo 1:8).

Lo que tienen ha sido puesto bajo su custodia por el Espíritu Santo (versículo 14).

Cada palabra de la Escritura es respirada por Dios (2 Timoteo 3:16).

UNA CORONA DE JUSTICIA

A medida que los días de Pablo se estaban acortando, la única persona que quería a su lado era Timoteo.

En la última carta del apóstol, escribió: *"El tiempo de mi partida es inminente. He peleado la buena batalla, he acabado la carrera, he guardado la fe. Por lo demás, me está guardada la corona de justicia, la cual me dará el Señor, el juez justo, en aquel día; y no solo a mí, sino también a todos los que aman su venida"* (2 Timoteo 4:6-8).

Entonces Pablo suplicó: *"Procura venir pronto a verme…Procura venir antes del invierno… El Señor Jesucristo esté con tu espíritu. La gracia sea con vosotros. Amén"* (versículos 9, 21-22).

Estas fueron las últimas palabras escritas por Pablo. Se hacen eco de un recordatorio atemporal del llamamiento a cada seguidor de Cristo para que termine bien.

capítulo 33

La Presencia de Dios y Poder en
SMITH WIGGLESWORTH

A principios de 1900, miles de personas acudieron a un enorme auditorio en Washington, D.C. para escuchar la predicación de un hombre de Inglaterra que era conocido como "El apóstol de la fe". Se llamaba Smith Wigglesworth.

Durante ese encuentro una joven entró en el edificio con muletas, ayudado por otras dos personas. Las piernas de la chica colgaban debajo de ella porque no tenía habilidad muscular.

Cuando Wigglesworth llamó a aquellos que necesitaban oración indicó que caminara hacia el frente, ella luchó para moverse. Vio su dificultad y gritó: "Quédate donde estás. Vas a ser una chica diferente cuando salgas de este lugar."

Wigglesworth preguntó sobre su estado y descubrió que nunca había caminado un día en su vida. Puso sus manos sobre ella y mandó: "En el nombre de Jesús, camina."

¡PARA EL ASOMBRAMIENTO DE TODOS LOS PRESENTES, ELLA DEJO CAER SUS MULETAS Y TOMO SUS PRIMEROS PASOS!

Smith Wigglesworth, nacido en 1859, se crio en una familia extremadamente pobre. Su padre era un obrero común, y a la edad de seis años, el joven Smith estaba tirando de nabos para ayudar con los ingresos familiares.

Incluso cuando era niño, tenía hambre en su corazón de conocer a Dios. Esto lo llevó a orar en los campos mientras trabajaba. Más tarde, en una reunión de la iglesia Wesleyana, dio su vida a Cristo.

Cuando todavía era un adolescente, el Ejército

de Salvación en su área estaba experimentando un derramamiento inusual efusión de Dios en sus servicios. Describe reuniones en las que "muchos estarían postrados bajo el poder del Espíritu, a veces durante veinticuatro horas."

Wigglesworth anhelaba ver esa unción activa en su propia vida. A los 18 años, se convirtió en fontanero, pero pasó cada momento libre contándole a la gente acerca del Señor.

Un verdadero punto de inflexión fue cuando asistió a un *"servicio de sanación divina" en la ciudad de Leeds. Oyó el mensaje: Impondrán las manos sobre los enfermos, y sanarán"* (Marcos 16:18).

En ese momento, Wigglesworth estaba sufriendo de hemorroides, por lo que se ungió a sí mismo con aceite de acuerdo a James 5:14, y la condición nunca regresó.

Después de una experiencia Pentecostal personal, comenzó a predicar con una audacia que sacudió a creyentes, iglesias y ciudades. Estaba convencido de que Dios no tenía la intención de que los creyentes sufrieran. Como resultado, se acercó a orar por los enfermos como una batalla entre Dios y Satán. Estaba claro que vivía expectante para que Dios fuera victorioso sobre las tinieblas.

Wigglesworth dijo: "No tengo palabra para el reumatismo sólo 'demonio poseído.' Reumatismo, cánceres, tumores, lumbago, neuralgia, todas estas cosas les doy un solo nombre, el poder del diablo trabajando en la humanidad. Cuando veo el consumo, veo la energía de trabajo de los demonios allí. Todas estas cosas pueden ser eliminadas."

En Europa, Asia y América, multitudes de hasta 20,000 personas asistieron a sus reuniones. Rezaba sin verguenza para que los ciegos vieran, los sordos oyen, y los cojos caminaran.

Se registra que mientras él y un amigo rezaban por una mujer en un hospital, ella murió repentinamente. Wigglesworth literalmente la sacó de la cama, la paró contra la pared y gritó: "En el nombre de Jesús reprendo esta muerte." Al instante, todo su cuerpo comenzó a temblar. Así que él dijo: "En el nombre de Jesús, camina"— ¡y lo hizo!

En grandes reuniones en las que no podía orar personalmente por las personas, pidió a todos los que necesitaban sanación que se echaran las manos sobre sí mismos mientras pedía fervientemente a Dios.

CIENTOS EXPERIMENTARON UN MILAGRO DE SANACIÓN DE UNA VEZ.

¡Smith Wigglesworth dejó una herencia de introducir a muchos en el increíble poder de Dios!

Este ministro recordó constantemente a aquellos que asistieron a sus reuniones que miraran a Jesús como el Ungido.

Si todavía estuviera con nosotros hoy, creo que recordaría a cada persona que este poder del Espíritu Santo, que incluye la unción para liberar la sanación, pertenece a cada seguidor fielr de Cristo, no sólo a los líderes y ministros de nuestros días.

capítulo 34

La Presencia de Dios y Poder en
AIMEE SEMPLE MCPHERSON

Hace siglos, el profeta Joel escribió: *"Y acontecerá... Dios dice, derramaré Mi Espíritu sobre toda carne, y profetizarán vuestros hijos y vuestras hijas"* (Joel 2:28).

Sin duda, una de esas "hijas" ungidas fue Aimee Semple McPherson.

Nacida y criada en Ontario, Canadá, a la edad de 17 años asistió a un servicio de renacimiento dirigido por el evangelista pentecostal Roberto Semple. Tuvo una experiencia nacida de nuevo y recibió el bautismo del Espíritu Santo. ¡Desde ese día en adelante, Aimee fue una persona transformada!

Ese renacimiento también la cambió románticamente, y en 1908, justo antes de cumplir 18 años, ella y el evangelista se casaron. Pronto sintieron el tirón de Dios en sus vidas para ser misioneros en China.

Dos años más tarde, después de llegar a Hong Kong, ambos contrajeron malaria, y en tres meses, Roberto murió. Esta tragedia dejó a Aimee viuda y sin un centavo mientras se preparaba para dar a luz a su primer hijo. Cuando el bebé, una hija llamada Roberta Star Semple, tenía sólo un mes de edad, Aimee no tuvo otra opción que regresar a los Estados Unidos como madre soltera.

La madre de Aimee se había mudado a Nueva York, y ahí se dirigió. Allí ayudó a su madre a recaudar fondos para el Ejército de Salvación. Poco después, conoció a un empresario cristiano, Harold McPherson. Se enamoraron, se casaron y tuvieron un hijo al que llamaron Rolf.

Ahora, madre de dos hijos, ella pospuso su llamado a predicar y se convirtió en ama de casa. Tristemente, la salud de Aimee disminuyó, y después de dos cirugías mayores, ella yacía cerca de la muerte en una cama de hospital.. Fue allí donde el Señor le preguntó: "¿Ahora irás?"

Aimee respondió: "Sí" y fue casi inmediatamente sanado. Nunca volvió a cuestionar el llamado del Señor al ministerio.

Harold y Aimee comenzaron a celebrar avivamientos en tiendas donde muchos fueron salvados y sanados. Pero vivir cerca de la pobreza hizo las cosas casi imposibles. Finalmente, Harold decidió que esta no era la vida que quería, y los dos se separaron.

"La hermana Aimee", como la llamaban, continuó evangelizando sola, y en poco tiempo ni siquiera las tiendas más grandes podían albergar a las multitudes. En los auditorios, la gente estuvo en fila durante horas para conseguir un asiento.

¡EN SAN DIEGO TENIAN QUE LLAMAR
LA GUARDIA NACIONAL
PARA AYUDAR A CONTROLAR
UNA MULTITUD DE MAS DE 30,000!

Predicó la salvación y la sanación a los ricos y a los pobres. Ella sin miedo trabajó para derribar las barreras étnicas y la segregación dondequiera que iba. Ella fue una verdadera pionera cuyo herencia todavía nos llama a una vida de completa devoción.

Cansada de no tener un lugar permanente para llamar hogar y criar una familia, se regocijó cuando el Señor le dijo que fuera a Los Angeles, donde le construiría una casa. En realidad, construyó dos casas: una para ella y su familia, y otra para la gente.

Muchos captaron la visión de un auditorio gigante que se llamaría Templo Angelus. En 1923, cuando tenía 32 años, se dedicó el edificio de 5,300 asientos. Las instalaciones del ministerio se llenaron a su capacidad en todos los servicios.

Sus sermones ilustrados los domingos por la noche fueron el discurso de la ciudad. Cientos de periódicos imprimieron sus sermones, y después de lanzar una estación de radio con una poderosa señal, se convirtió en una de las voces más conocidas en Estados Unidos. También fundó la denominación Foursquare que está prosperando hasta el día de hoy.

Debido a su fama, Aimee fue secuestrada en 1926 y retenida para pedir un rescate. Cuando fue liberada, su ministerio se hizo aún más grande. Los medios de comunicación, sin embargo, tuvieron un día de campo con rumores de su vida personal, que persistió hasta que murió en 1944.

Hoy en día, hay miles incalculables, si no millones, que están en el reino de Dios a causa de este siervo dedicado del Señor.

El corazón de Dios es ungir a sus hijas de todas las naciones y todos los ámbitos de la vida. Imagínese cómo el mundo se transformaría si cada niña y mujer comenzara a creer que había sido colocada en la tierra para cumplir con una asignación única del Reino. Si usted es una mujer, pida a Dios que aumente su visión para su propia vida. Si eres un hombre, pídele a Dios que revele cómo puedes alentar y despertar el tesoro del Reino escondido en el corazón de las mujeres con las que interactúas a diario.

capítulo 35

La Presencia de Dios y Poder en
KATHRYN KUHLMAN

Ahora la oigo. Después de encontrar el programa de Kathryn Kuhlman en mi radio, sus primeras palabras fueron siempre las mismas: "¡Hola! ¿Y me has estado esperando? Es muy amable de tu parte. Sólo sabía que estarías allí."

Desde su ciudad natal de Pittsburgh, Pensilvania, esta poderosa mujer de Dios llevaba una unción que nadie podía dudar. Literalmente irradiaba de su presencia mientras predicaba en sus vestidos blancos que fluían y veía milagro tras milagro.

Nacida en Concordia, Missouri en 1907, Kathryn se salvó a la edad de 14 años en una pequeña iglesia Metodista. Su hermana mayor, Myrtle, se había casado con un evangelista itinerante, Everett B. Parrott, y Kathryn se unió a ellos durante los meses de verano. Amaba tanto al ministerio que sus padres finalmente la dejaron quedarse con ellos, lo que hizo durante los siguientes cinco años.

En Boise, Idaho, Everett tuvo que perderse una reunión, y las dos hermanas fueron por él. Kathryn captó tanto la atención de la audiencia que el pastor le dijo a Kathryn: "Tienes que empezar a predicar." Lo hizo, y su primer sermón fue en un salón de billar deteriorado.

El equipo decidió mudarse a Pueblo, Colorado, donde un renacimiento estalló y celebraron servicios durante seis meses en un almacén abandonado de Montgomery Ward. En 1935, se mudaron a Denver. Para entonces, la unción de Dios descansaba tanto en Kathryn que estaba haciendo la mayor parte de la predicación. Llamaron a la iglesia el Tabernáculo del Renacimiento de Denver a medida que crecía a más de 2,000 miembros.

"CREO EN MILAGROS"

Después de casarse con un evangelista, Burroughs Waltrip, los dos comenzaron un ministerio en Mason City, Iowa, donde llevaron a cabo avivamientos en todo el país. El matrimonio, sin embargo, parecía condenado desde el principio, y se divorciaron en 1947.

Ahora por su cuenta, aceptó una invitación para celebrar un avivamiento en Franklin, Pensilvania. Ella fue tan bien recibida que decidió permanecer en la zona. Esto la llevó a iniciar una transmisión de radio que llegó a la ciudad de Pittsburgh.

En sus reuniones, comenzaron a tener lugar milagros asombrosos. Una mujer fue curada de un tumor, un hombre testificó que su visión fue restaurada, y la gente se estaba regocijándose.

En 1948 Kuhlman celebró una serie de reuniones en el Carnegie Hall en Pittsburgh y se mudó a la ciudad permanentemente en 1950. Su programa de radio fue escuchado a nivel nacional y su transmisión semanal, Creo en Milagros, se emitió de costa a costa en los años 60 y 70.

Obviamente, el mundo estaba prestando atención a esta joven predicadora dinámica, e incluso la cultura popular la reconoció. Apareció en el The Tonight Show con Johnny Carson en 1974, y fue mencionada en más de una ocasión en el Mary Tyler Moore Show, así como en The Carol Burnett Show.

¿UN SANADOR DE FE?

Dondequiera que hablara, era como si el Cielo mismo descendiera a la Tierra. Durante varios años, ocupó los servicios los martes en la Primera Iglesia Presbiteriana en Pittsburgh. Los autobuses viajaban desde todo el país y era casi imposible encontrar un asiento en el santuario. Mientras Kathryn era la portavoz, era el Señor quien hablaba por medio de Su siervo. La presencia de Dios Todopoderoso fue tan fuerte en esas reuniones que muchos en la congregación literalmente sintieron el viento del Espíritu soplando sobre ellos.

Además de esto, realizó servicios regulares en el Shrine Auditorium en Los Angeles. Aquellos por los que oraba serían golpeados y vencidos con el poder de Dios, cayendo al suelo, literalmente "asesinados en el Espíritu."

ELLA SE NEGÓ A LLAMARSE A SÍ MISMA "SANADORA DE FE," SIEMPRE SEÑALANDO A LAS PERSONAS A JESÚS COMO EL QUE CURA.

Kathryn Kuhlman falleció de esta vida en 1976 después de una cirugía a corazón abierto. Sé que recibió una gloriosa bienvenida en el Cielo después de guiar a tantos a la presencia del Señor.

El ministerio de Kathryn comenzó en un salón de la piscina, dejando un recordatorio de que Dios quiere ministrar a través de cada uno de nosotros en lugares ordinarios. Esté atento a las oportunidades de liberar Su luz y amor en su hogar, su comunidad, sus lugares de trabajo y más allá. Dios desea que toda vida deje una herencia duradera de fe.

capítulo 36

La Presencia y el Poder de Dios en
ORAL ROBERTS

Durante cinco meses, un niño de 17 años en Ada, Oklahoma, estuvo postrado en la cama con tuberculosis. Su peso se había desplomado a 120 libras y, por su estatura, era prácticamente un esqueleto. Se llamaba Oral.

Sus padres eran cristianos fuertes y oraban fielmente por él todos los días. No entendían por qué Dios no sanó a su hijo, especialmente porque, mientras su madre estaba embarazada, ella lo consumió al servicio de Dios.

La familia Roberts era extremadamente pobre, y cuando Oral tenía 16 años, se mudó de casa, soñando con una vida mejor. Al mismo tiempo, le dio la espalda a Dios y comenzó a vivir una vida salvaje; fue entonces cuando su salud colapsó.

El Señor habló con su hermana mayor Joya de Oral y le hizo saber que su hermano iba a ser sanado. Casi al mismo tiempo, Oral dio su vida a Cristo.

Un evangelista curativo ambulante, George Moncey, vino a Ada y lanzó una carpa. El hermano de Oral decidió llevarlo a una de las reuniones.

HACIA LA CARPA,
DIOS CLARAMENTE HABLO
A ORAL, DICIENDO,
"HIJO, VOY A
SANARTE Y USTED VA A TOMAR
MI PODER DE SALUD
A SU GENERACION."

En la reunión, Oral era demasiado débil para caminar hacia el frente para orar, así que esperó a que el evangelista viniera a él. Eran las 11:00 de la noche antes de que Moncey le pusiera las manos encima y lo ungiera con aceite. El poder de Dios se lavó sobre Oral y fue inmediatamente sanado. No sólo la tuberculosis desapareció, sino que Oral, que sufría de un grave problema de tartamudeo, descubrió que también se había ido.

Roberts fue ordenado por la iglesia de Santidad Pentecostal en 1936, y pronto se convirtió en un ministro excepcional de la denominación. En los años siguientes pastoreó cuatro de sus iglesias con su nueva novia, Evelyn.

AGUAS SANADORAS

En 1947, el Señor impresionó fuertemente a Oral para que se pusiera de rodillas y leyera los cuatro Evangelios y el libro de Hechos tres veces consecutivas. Fue entonces cuando Dios comenzó a revelar a Jesús como el sanador de una manera única y poderosa. Inmediatamente, Oral comenzó a celebrar reuniones especiales de sanación en su ciudad y los milagros comenzaron a multiplicarse. Cuando un hombre trastornado trató de dispararle, los medios nacionales recogieron la historia y la gente acudía a sus reuniones como nunca antes.

En la fe, renunció como pastor y compró una tienda de campaña con 2,000 asientos. Pronto, no era lo suficientemente grande como para albergar a las multitudes, así que encontró uno que tenía 12,500 y lanzó la Asociación Evangelística Oral Roberts.

En cuestión de meses, su revista Healing Waters estaba siendo publicada, y las películas de sus cruzadas se convirtieron en un programa de televisión semanal que mi familia veía todas las semanas. Más adelante en este libro, leerás cómo jugó un papel en mi propia curación.

La revista mensual fue renombrada Abundant Life en 1956, y finalmente alcanzó una circulación de más de un millón. Su columna mensual apareció en más de 600 periódicos, y en 1980, más de 15 millones de sus 88 libros se habían vendido.

Muchos observadores atribuyen a Oral Roberts haber llevado el mensaje pentecostal y el movimiento carismático a la corriente principal de la religión en los Estados Unidos y en el extranjero.

FUE HONORADO Y RESPETADO COMO UN HOMBRE DE INTEGRIDAD E INVITADO PARA HABLAR EN LOS PRINCIPALES EVENTOS DE INTERDENOMINACIONAL POR TODO EL MUNDO.

Billy Graham fue el orador destacado en la dedicación de la Universidad Oral Roberts.

Después de una vida de servicio fiel, Roberts se retiró en 1993 y fue a estar con su Padre celestial en 2009 a la edad avanzada de 91 años.

El Señor llamó a un joven de Oklahoma que respondió fácilmente, y el mundo fue tocado por el poder de Dios. Su vida de devoción todavía recuerda a los creyentes que nunca pierdan de vista cómo el Señor quiere tocar el mundo a través de nosotros. Acepta el desafío que encendió el legado de fe de Oral. Sántese solos y profundice en los cuatro Evangelios y en el libro de Hechos. ¡Imagina que tu vida se añade a aquellos que llevaron la Buena Nueva a los rincones del mundo!

Capítulo 37

La Presencia de Dios y Poder en MÍ

A la edad de diez años, estaba en una habitación de hospital de Birmingham, Alabama, sufriendo de hepatitis C con ictericia amarilla. Había infectado mi hígado, que estaba peligrosamente hinchado y amenazante para estallar. Los médicos le dieron la mala noticia a mi familia: "Su hígado está destruido, y probablemente sólo vivirá de cinco a ocho días más como máximo."

Un domingo por la mañana, a eso de las 9:00 a.m., mi madre, Josephine, y mi tía prendieron la televisión en la sala del hospital y estaban viendo el programa de Oral Roberts, "La Hora de La Curación."

En un momento de la transmisión, Roberts miró a la cámara y dijo: "Te voy a pedir que toques la televisión si es posible. Si no, extiende tu mano hacia la pantalla como punto de contacto mientras rezo por tu sanación."

Bueno, mi madre, haciendo lo que él le pidió, se acercó y tocó la pantalla de televisión con una mano mientras su otra mano descansaba sobre mi estómago. Luego pronunció estas palabras: "Dios sane a mi hijo y yo te lo daré."

Instantáneamente, no en un minuto, ni en la semana que viene ni el mes que viene, el poder de Dios entró en la habitación.

Todavía puedo verlo en el ojo de mi mente. Era como la luz iluminando una niebla, y de pie en medio del brillo era Jesús. El poder era tan tangible que literalmente tiró a mi madre y a mi tía al suelo.

Los médicos y asistentes de la estación de enfermería vieron la luz que se reflejaba en mi habitación y corrieron por el pasillo para ver lo que estaba sucediendo. ¡El poder de Dios era tan tangible e intenso que un ordenado se precipitó con un extinguidor! No sabían qué pensar cuando vieron a mi madre y a mi tía tumbados en el suelo como si hubieran sido noqueados.

El poder de Dios apareció ese día hasta tal punto que estaba completamente curado. Cuando los médicos pidieron pruebas esa tarde, se quedaron sin palabras para descubrir que no tenía absolutamente signos de enfermedad en mi cuerpo. Ni siquiera había un residuo de hepatitis C en mi sangre.

¡Yo era un joven sano, totalmente curado!

La MANIFESTACIÓN

Una cosa es leer acerca del poder y la presencia de Dios en la vida de los hombres y las mujeres en los días bíblicos, y los milagros que el Señor todavía está realizando hoy en día, pero Dios anhela usarnos a ustedes y a mí para impactar la vida de los demás.

Muchos años después de que el Señor me tocó en esa habitación del hospital, comencé a enseñar y predicar sobre el tema de la sanación. No era consciente de ningún don o manifestación especial, pero al poner las manos sobre los enfermos y pedir a Dios que los sanara— ¡Lo hizo!

He estado orando por personas en el nombre de Jesús desde entonces.

En la Zona del Canal de Panamá, compartí mi testimonio y le pedí a hombres, mujeres y niños que caminaran hacia adelante para orar. La primera mujer me dijo a través del intérprete que tenía una úlcera sangrante. La ungió con aceite y oré, y luego fui a la siguiente persona.

De repente, me di la vuelta y vi a la primera mujer vomitar la úlcera en el suelo. Ella fue totalmente sanada por el poder de Dios. Nunca había sido testigo de algo así en mi vida.

Hoy, después de muchos años de ministerio, he visto innumerables milagros: ojos cruzados enderezados, oídos sordos sordos sin parar, manos artríticas abiertas y mucho más.

¡Nuestro Dios es el Gran Médico no sólo de nuestros cuerpos fallidos, sino también de nuestras mentes y espíritus!

capítulo 38

La Presencia de Dios y Poder en
¡USTED!

Todo hasta este punto es un prólogo. Ustedes han visto la presencia de Dios y el poder derramados sobre los santos del Antiguo y Nuevo Testamento, sobre los hombres y mujeres llenos del Espíritu, incluyéndome a mí. ¿Pero qué hay de ti?

¿Qué sentido tiene saber sobre el poder divino, pero nunca experimentarlo personalmente? ¿De qué sirve leer de la presencia y la unción del Espíritu, si nunca ha tocado su vida?

El Dios omnipotente es mucho más que hablar del mundo hacia la existencia; te afecta. La oración del apóstol Pablo también tiene que ser tuya: *"...a fin de conocerle, y el poder de Su resurrección"* (Filipenses 3:10).

La salvación es instantánea, pero la plenitud de Dios se desarrolla a lo largo de toda la vida. Como Pablo continúa, *"No que lo haya alcanzado ya, ni que haya conseguido la perfección total; sino que prosigo, por ver si logro darle alcance, puesto que yo también fue alcanzado por Cristo Jesús"* (versículo 12).

El Señor quiere que comprendas la magnitud de Su poderoso poder que te salvó de las garras de Satanás, para que puedas representar a Cristo en un mundo moribundo.

VIDA QUE DA A PODER Y PRESENCIA

En lugar de estar en las sombras, estando asombrado del Espíritu de Dios que descansaba sobre Jesús, repídalo por ti mismo. *"Si el Espíritu de Aquel que resucitó a Jesús de entre los muertos mora en ti, Aquel que resucitó a Cristo de entre los muertos también dará vida a vuestros cuerpos mortales por medio de Su Espíritu que mora en ti"* (Romanos 8:11).

Aquellos que profesan conocer a Jesús necesitan preguntarse: "¿Realmente tengo una nueva vida en Cristo? Si yo estaba muerto en mis pecados y ahora estoy vivo a través de Su poder de resurrección, ¿por qué no se está demostrando a diario?"

Independientemente de tus circunstancias, aunque no sientas que tienes la resistencia para enfrentar otro día, Dios quiere energizar tu alma y elevarte: *"El da vigor al cansado, y acrecienta la energía al que no tiene fuerzas"* (Isaías 40:29).

Por nuestra cuenta somos débiles, pero Él es fuerte. Esta es la razón por la que Pablo escribió: *"Tenemos este tesoro en vasos de arcilla, para que la excelencia del poder sea de Dios, y no procedente de nosotros"* (2 Corintios 4:7).

La razón por la que Jesús prometió enviar el Espíritu de Dios a la tierra fue para darnos la capacidad y la autoridad para evangelizar: *"Pero recibiréis poder, cuando haya venido sobre vosotros el Espíritu Santo, y me seréis testigos en Jerusalén, y en toda Judea y Samaria, y hasta lo último de la tierra"* (Hechos 1:8).

He llevado a cabo cientos de servicios en muchas partes del mundo, y una cosa que he aprendido. Es sólo cuando aparece la presencia de Dios que las vidas se transforman, los cuerpos enfermos se curan y las personas reciben liberación.

He descubierto que el Señor no comparte Su poder al azar. Quiere que *"Buscad primeramente el reino de Dios y Su justicia, y todas estas cosas os serán añadidas"* (Mateo 6:33). Hay un orden divino para aquellos que anhelan aprovechar el poder y la presencia ilimitados de Dios.

¡No esperes ni un minuto más para orar por la unción, y prepárate para un terremoto espiritual!

El Señor está más cerca de lo que pensamos: *"aunque ciertamente no está lejos de cada uno de nosotros. Porque en Él vivimos, y nos movemos, y somos"* (Hechos 17:27-28).

Alégrate con el salmista: *"En Tu presencia hay plenitud de gozo; Delicias a tu diestra para siempre"* (Salmos 16:11).

El poder y los planes de Dios son para TI... y se encuentran sólo en Su presencia!

Tommy Combs
Healing Word
Living Word Ministries

DIRECCION: P. O. Box 1000, Dora, AL 35062

PHONE: 866-391-WORD (9673)

EMAIL: tommy.livingwordbooks@gmail.com

SITIO WEB: www.evangelisttommycombs.org

www.ingramcontent.com/pod-product-compliance
Lightning Source LLC
Chambersburg PA
CBHW051825090426

42736CB00011B/1655